U0932609

中国法学会优秀课题成果文库
ZHONG GUO FA XUE HUI YOU XIU KE TI CHENG GUO WEN KU

胡忠惠 等◎著

技术侦查制度中的隐私权保障问题研究

JI SHU ZHEN CHA ZHI DU ZHONG DE YIN SI QUAN BAO ZHANG WEN TI YAN JIU

撰稿人：（按姓名拼音排序）
胡忠惠（导论、第三章、第四章、结语）
李慧英（第一章）
苏海健（第五章）
王秀哲（第二章）

本书是中国法学会2013年度部级法学研究一般课题“技术侦查制度中的隐私权保障问题研究”［课题编号CLS（2013）C81，主持人胡忠惠］的主要成果，课题鉴定等级为优秀。

中国法制出版社
CHINA LEGAL PUBLISHING HOUSE

中国法学会优秀课题成果文库

出版说明

为了全面推进课题研究成果的应用转化，繁荣法学研究，服务法治实践，推进法治中国建设，中国法学会特设立“中国法学会优秀课题成果文库”，集中推出反映当前我国法学研究前沿水平、具有重大理论价值、重大学术价值、重大应用价值的学术精品，充分发挥优秀成果和优秀人才的示范引领作用。凡入选成果文库的作品，均为课题成果鉴定等级为“良好”以上，选题价值较大，创新性强，对重要领域或重要问题有较为系统深入的研究，具有较高学术价值或应用价值，文风严谨，符合学术规范和出版形式要件。2015年，从227项课题成果中，精选出10项符合上述条件的作品，纳入“中国法学会优秀课题成果文库”出版。今后每年从当年结项的课题成果中精选部分作品予以出版。

中国法学会

2016年4月

目　录

Contents

导　　论

虽然人类是群居动物，但在社会群居生活中，个人存在私密空间的理念已成共识。这个空间，不仅限于物理空间，而是可以延伸出个人不受干扰的自由。自 1890 年美国两位著名法学家萨缪尔·D. 沃伦和路易斯·D. 布兰戴斯提出隐私权的概念以来，经过 100 多年的争论，个人隐私权的范围从侵权行为法上的隐私权发展到宪法上的隐私权，对于公民隐私权的法律保护已经从原来的由民事侵权法保护上升到宪法基本权利保护的层面。公民个人自治与独立意义上的隐私权，即使是政府公权力也不能随意侵犯，这样的隐私权保护主张已具有普遍性意义，世界各国纷纷通过立法或判例确立公民隐私权对抗政府公权力的独立自治价值。然而，随着科学技术的进步以及政府公权力的不断扩张，公民个人隐私权的保护正在面临新的挑战。

在一个全新的信息技术时代，公民隐私权面临的挑战主要来自两个方面：一是科学技术的进步。随着现代信息技术的迅速发展，每个人都被拉入到网络社会生活中来。面对以科学技术为主体建构起来的信息社会，人与人之间，人与社会之间的关系发生了深刻的变化，影响着隐私权的面貌。

以公民日常的消费生活为例，在网络社会中，人们通过交出各种个人信息换取便捷丰富的网络生活，个人网络活动也随之成为商家记录的内容。利用现代信息技术，网络商家能够收集和汇总到各种各样的个人信息，由此可以掌控每个人的消费习惯，继而有针对性地提供精准的商业广告和推销服务，通过数据化处理精准定位目标客户群。更为重要的是，当科学技术成为当前人们社会生活中不可或缺的手段，当个人所有的行为喜好都是商家利益追逐的所在时，那么，不仅公民个人无法逃脱商家促销与盈利驱动的骚扰，数据本身的价值也会成为犯罪分子牟利的目标。合法的商业竞争以及非法的个人信息收集、贩卖行为都会使本来处于隐秘状态的公民个人信息公开化，公民个人丧失独立自处的尊严。二是政府公权力的扩张。在早期，由于对公民隐私权的侵害主要来自于私人，因而对于公民隐私权的保护一直被认为是属于民事侵权法的范畴。随着国家的出现，尤其是当政府从“管得最少即是好政府”的理念转变为以建设“福利国家”为目标，政府的公权力以更加主动、积极的姿态介入到公民的个人生活。当扩张的公权力依赖成熟的科学技术，公民个人隐私及其权益不可避免地与比私人力量更为强势的国家权力发生对抗与冲击。

隐私本身是和人类本性的需求密切相连的，不能否认，隐私的保护需求从来都存在，只不过在人类历史上的很长时间，隐私权都隐藏在物质财富和物质外壳的私人空间的保护中。英国十八世纪著名的谚语“风能进、雨能进、国王不能进”，“家是一个人的城堡”都体现了对公民隐私保护的物质外壳依赖性。而现代信息技术发展的主要特点就是打破了个人隐私所寄居的物质外壳，现代的窃听、监控等技术可以在不为当事人所知、不侵入隐私的物质外壳、没有“物理性进入”的情况下轻而易举地完成，并且可以持续地、廉价地、几乎在不给被窃听、监控者任何负担的情况下得以实现。由此，政府的公权力能够借助各种技术手段全面介入公民个人的私生活。“生活逐渐变成一个由并行信息处理器所组成的村庄，在那里，能够实现在任意时刻重构事件或追踪行为。”①公民个人的隐私权是和公民的人格尊严密切联系的权利，因此，从维护公民的人格尊严的角度来看，一个国家或社会只要关注公民个人权利的存在，就有对公民隐私权保护的实际需要。

刑事诉讼的主要目的，在于实现国家的刑罚权，是国家公权力的具体体现。为了查明案件事实，实现公正裁判，国家的公安、司法机关在实施犯罪侦查行为或行使刑罚权时，难免会对公民的基本人权造成一定的侵害，必然存在着国家权力（公权力）与公民个人权利（私权利）的对抗，这其中就包含了公民的隐私权。在国家对犯罪进行追诉、实现刑罚权的过程中，从立案侦查到审判的每一个诉讼阶段，国家专门机关的公权力随时都可能与公民的隐私权发生利益冲突，如：侦查阶段的搜查、扣押、讯问、勘验检查、监视、监听等侦查行为，都有可能侵害公民个人的隐私权；审判阶段的公开审判、证人的出庭作证、诉讼文书的网上公布等也极易侵犯公民的隐私权利。“目的不能将手段神圣化”，追诉犯罪不能不择手段，不计后果。刑事诉讼程序不得以滥用侵犯个人隐私权的方式推进，国家的刑事司法权必须通过制度化的“法律正当程序”进行规范，通过对每一诉讼阶段设置“程序障碍”，来防止国家司法机关和司法人员的恣意行为，从

①〔美〕劳伦斯·莱斯格著：《代码 2.0：网络空间中的法律》，李旭、沈伟伟译，清华大学出版社 2009 年版，第 221 页。

而使公民个人的隐私权得以保障和维护。

进入现代信息社会，公民隐私权所面临的危机较之以往更为严峻，尤其是在犯罪侦查领域。随着犯罪人的反侦查意识和能力的不断增强，犯罪的隐秘性不断加大，为了加强对犯罪行为的打击力度，侦查机关对犯罪行为的侦查手段开始向高技术化、高隐秘性方向发展，特别是大量的无被害人犯罪出现，导致越来越多的刑事案件需要依靠秘密监听、秘密录音、秘密录像、跟踪监视、控制通讯等技术侦查手段，刑事侦查活动已经无需借助强制性手段即可轻松获取案件线索，侦破案件。如在对毒品犯罪等无被害人案件、有组织犯罪案件的侦查活动中，技术侦查措施具有常规侦查手段无法比拟的优势。这些高科技支撑的侦查手段往往并不包含“有形的强制力”，传统的财产权、人身权侵犯理论已不能进行合理解释，从公民隐私权侵害的角度界定新型技术侦查措施的适用边界及规范机制，已是许多国家的通行做法。

随着打击重大犯罪和有组织犯罪的需要，我国在刑事侦查中已广泛应用技术侦查措施。但是，在 2012 年《刑事诉讼法》修订前，对技术侦查措施的法律规制几乎是空白，个人隐私权的程序法保护规定也是空白。2012 年《刑事诉讼法》的修订完善了侦查行为，增加了“技术侦查措施”一节，将一直处于隐秘状态的技术侦查措施法治化，使侦查机关在侦查实践中广泛采用的各种非一般性侦查行为在刑事诉讼法的层面上有了法律依据。这一法律规定能够更好地发挥技术侦查措施在刑事侦查中无可替代的巨大作用，进一步提高侦查机关侦查活动的规范性。但《刑事诉讼法》对于技术侦查措施的规定，仅仅是从立法上确立了技术侦查措施的合法地位，至于具体实施的程序都没有详尽的规定，需要做进一步的解释工作。

在人权保障的内容中，既有国家规定个人参与刑事诉讼活动，获得广泛辩护权等积极性保障制度，也有不受国家公权力非法侵害的消极性保护。国家公权力的行使必须受制于公民私权利，否则可能导致滥用从而侵犯公民的私权利；而公民的私权利也离不开国家公权力的保护，国家通过行使公权力制裁侵犯公民私权利的行为，从而保护公民的私权利。对于技术侦查措施而言，立法上虽然予以确立，使其在实践中具有了合法依据，但是如果没有严格的操作规范，将极可能导致在司法实践中被滥用，会造成对公民隐私权的侵犯，那样法律对公民权利的保护就无从谈起，反而成为侵犯公民权利的帮凶。因此，在采用技术侦查措施的同时如何避免侵犯公民的隐私权，如何处理国家公权力在实现控制犯罪的功能与保护公民个人隐私权之间的关系，平衡犯罪控制和人权保障之间的冲突，是进一步需要解决的问题。

为实现刑事诉讼中保护公民权利的目标，在我国技术侦查措施适用中隐私权保护不足的状态下，应当从保护公民基本权利的视角出发，结合公权力与私权利的博弈，探讨适用技术侦查措施时如何完善隐私权的法律保护。通过对该问题的深入研究，从理论上厘清个人隐私权和技术侦查权之间的界限，推进刑事诉讼中个人隐私权保护制度的建构，平衡打击犯罪和保障人权之间的冲突。本书即是试图从理论上探讨技术侦查措施与隐私权保护的平衡关系，并对我国现行立法规定的技术侦查措施的适用与个人隐私权保护的边界问题进行探讨。

本书主要分为五部分，具体研究内容如下：

第一章，技术侦查制度基本问题概说。刑事诉讼法虽然用一节的内容规定了“技术侦查措施”，但只是一种“宣言式条款”，技术侦查措施的许多问题尚需要厘清。本章从理论上剖析了界定技术侦查措施概念的特殊措施说、技术手段说、秘密侦查说、从属说和广义狭义说等学说，分析了技术侦查措施的概念、特征。明确我国立法所规定的技术侦查措施主要包括监控类侦查措施、隐匿身份侦查措施和控制下交付。技术侦查措施的法定化使其具备了诉讼行为的性质，为进一步在法律上对其进行规范奠定了理论基础；根据判断强制侦查与任意侦查的标准——“权利侵害说”，技术侦查措施属于强制侦查，应当受到严格的法律规制。

第二章，个人隐私权的界定。通过分析个人隐私与个人隐私权的基本问题，作为论述技术侦查制度与隐私权关系的理论前提。本章介绍了隐私与隐私权主要经历了以“隐”为核心和以“私”为核心的隐私权两个发展阶段。随着信息技术的发展，个人隐私权的客体内容扩展为住宅及其延伸、通讯秘密、私人生活、个人信息和私人事务等五个方面，即自然人享有的私人信息自我控制、不被非法利用，私人物理空间自主支配、不受侵扰，私人现实活动自主决定，不被侵犯秘密的自由权。隐私权作为一种个人生活自由权，国家对其有保护职能。这种职能既体现为国家对个人隐私权的保障义务，也体现为国家对个人隐私权的消极不干预义务。

第三章，技术侦查措施与个人隐私权关系的理论解析。着眼于隐私权与公权力的博弈，技术侦查措施与隐私权的关系是复杂的，技术侦查措施既可以侵犯个人隐私，又不能任意侵犯，这是隐私权消极权能的体现。法益衡量是技术侦查制度下个人隐私权法律保护的理论基础，技术侦查惩治犯罪的公共利益与个人隐私权的私人利益之间具有不同的比例关系。一般来说，相对于一般犯罪，个人敏感隐私优先；相对于严重犯罪，个人敏感隐私起码具有同等性；而面对严重犯罪，个人一般隐私并不具有优先性。

判断技术侦查措施是否侵犯个人隐私权的标准除违反重罪原则、必要性原则、令状主义等客观标准外，还应当考量“合理期待的隐私权”这一主观标准。

第四章，域外[①]技术侦查措施的立法规制。介绍美国、日本、德国以及我国台湾地区的诱惑侦查、秘密监听、控制下交付等技术侦查措施的相关立法与制度，尤其关注一些新的技术侦查措施，如空中监控拍照、电波追踪、热显像仪等；据此探讨域外适用技术侦查措施的案件范围、对运用技术侦查措施程序的规定、关于适用技术侦查措施相应的法律规范形式等问题，并对各国（地区）的立法与实务作出简要评析，为我国技术侦查制度的构建提供有益参考。

第五章，我国技术侦查制度的规范现状与完善。通过对我国现行立法关于技术侦查及隐私权保护的法律规范进行梳理，以法益衡量为理论基础，提出确定技术侦查措施中隐私权保护边界时，应当考虑技术侦查措施的类型、所涉犯罪严重程度、隐私权内容和隐私权主体等因素；分析刑事诉讼中侦查机关对个人隐私权保护除应受具体制度的制约，还应当承担遵守法定程序、信息使用限制、及时解除以及特殊限制等积极义务。借鉴域外相关理论和实践经验，结合我国的具体国情，我国技术侦查制度应当从事前审批、事中规范、事后救济等方面进行完善，以保障公民的隐私权。

---

① “域”按照汉语的通常解释，是指在一定疆域内的地方。在法学研究语境中，“域外”中的“域”是指法域而非疆域，即法律的有效管辖范围，如我国，存在大陆地区、香港地区、澳门地区和台湾地区四个法域。本书中“域外”均指大陆地区之外的法域。

第一章 技术侦查制度基本问题概说

随着时代的变化和科学技术的发展，犯罪活动日益呈现技术化、隐蔽化、有组织化、国际化的趋势，犯罪范围日益广泛。面对复杂多样的犯罪活动，技术侦查措施应运而生。传统侦查手段多以口供为中心，技术侦查措施克服了传统侦查手段的不足，但又因其可能在不知不觉中侵害相对人的隐私权而被诟病。为了解决技术侦查措施与隐私权之间存在的冲突，协调两者之间的矛盾，首先应该对技术侦查措施的概念、特征、类型及性质进行准确合理的界定与探讨。

一、技术侦查措施的概念

（一）技术侦查措施的相关理论学说

有关技术侦查措施的概念，我国在立法上并没有给出一个明确的界定，理论界在对技术侦查措施进行探讨时提出了种种观点，主要有以下学说：

1. 特殊侦查措施说

特殊侦查措施的提法与《联合国反腐败公约》(以下简称《反腐公约》)

和《联合国打击跨国有组织犯罪公约》(以下简称《有组织犯罪公约》)中使用的名称一致。《有组织犯罪公约》第20条[①]将“控制下交付、电子或其他形式的监视和特工行动”等称为“有效地打击有组织犯罪的‘特殊侦查手段’”。《反腐公约》第50条第1项[②]也对“特殊侦查手段”作出了相同的规定。在我国，有学者将“技术侦查措施”等同于“特殊侦查措施”，认为技术侦查措施“是指国家安全机关和公安机关为了侦查犯罪而采取的特殊侦查措施，包括电子侦听、电话监听、电子监控、秘密拍照或录像、秘密获取某些证据、邮件检查等秘密侦查的专门技术手段”[③]。2012年修订的《刑事诉讼法》增加了“技术侦查措施”一节后，也有学者提出“技术侦查措施”作为侦查行为，不能涵盖“隐匿身份侦查”和“控制下交付”这两种侦查行为，认为“隐匿身份侦查”和“控制下交付”属于秘密侦查而不属于技术侦查，因此应当将这节规定为“特殊侦查措施”。[④]但是，“特殊侦查措施”的概念过于笼统，不能准确揭示出技术侦查措施的内涵和外延，不够严谨。

---

①《有组织犯罪公约》第20条规定，“各缔约国均应在其本国法律基本原则许可的情况下，视可能并根据本国法律所规定的条件采取必要措施，允许其主管当局在其境内适当使用控制下交付并在其认为适当的情况下使用其他特殊侦查手段，如电子或其他形式的监视和特工行动，以有效地打击有组织犯罪”。

②《反腐公约》第50条第1项规定，“为有效地打击腐败，各缔约国均应当在其本国法律制度基本原则许可的范围内并根据本国法律规定的条件在其力所能及的情况下采取必要措施，允许其主管机关在其领域内酌情使用控制下交付和在其认为适当时使用诸如电子或者其他监视形式和特工行动等其他特殊侦查手段，并允许法庭采信由这些手段产生的证据”。

③ 郎胜、王尚新主编:《〈中华人民共和国国家安全法〉释义》，法律出版社1993年版，第72页。

④ 参见董林涛:“论特殊侦查制度的立法构建”,《上海政法学院学报》(法治论丛)2012年第1期。张建伟:“特殊侦查权力的授予与限制——新《刑事诉讼法》相关规定的得失分析”,《华东政法大学学报》2012年第9期。

2. 技术手段说

有学者认为，技术侦查是指侦查机关为了侦查的需要，运用现代科学技术和设备查找犯罪嫌疑人、获取犯罪证据的特殊侦查手段。这些“技术侦查措施”主要包括电子侦听、电话监听、电子监控、秘密拍照或录像、秘密获取某些物证、邮件检查等专门技术手段。[①] 也有学者提出，技术侦查是采取一定的科学技术手段获取案件信息、证据和缉拿犯罪嫌疑人等侦查行为的总称。当前的技术侦查主要指采取监听、秘密摄录等手段进行的侦查活动。[②] 这一学说立足于技术侦查措施的“科学技术”特征，强调技术侦查措施的“科学技术手段性”。但是在刑事侦查中，不是所有运用技术手段的侦查措施都是技术侦查措施，该说没有区分“侦查技术”和“技术侦查”，容易造成二者的混淆。

3. 秘密侦查说

秘密侦查说认为，技术侦查就是秘密侦查，即是指在案件侦查过程中侦查主体采取伪装或隐瞒身份的方法，运用一些科学技术手段在侦查对象不察觉的情况下，为发现犯罪线索、收集犯罪证据、缉捕犯罪嫌疑人而采取的一种特殊侦查活动。由于秘密侦查往往要使用一些专门的科学技术手

---

① 参见宋英辉：“刑事程序中的技术侦查研究”，《法学研究》2000 年第 3 期。邓立军：“秘密侦查法治化研究”，四川大学 2004 年硕士学位论文。李芹芹：“技术侦查措施中的人权保护问题研究”，苏州大学 2012 年硕士学位论文。李慧英、徐志涛：“论我国技术侦查措施的法定化”，《中国刑事法杂志》2012 年第 7 期。兰跃军：“比较法视野中的技术侦查措施”，《中国刑事法杂志》2013 年第 1 期。

② 参见陈光中主编：《〈中华人民共和国刑事诉讼法〉修改条文释义与点评》，人民法院出版社 2012 年版，第 212 页。张建伟：“特殊侦查权力的授予与限制——新《刑事诉讼法》相关规定的得失分析”，《华东政法大学学报》2012 年第 9 期。

段，故又称为技术侦查。[①] 所谓技术侦查权，也叫秘密侦查权，指侦查员用窃听、电话秘密跟踪、手机定位等高科技手段，在秘密状态下对犯罪嫌疑人采用的特殊侦查手段。[②] 该观点将技术侦查措施等同于秘密侦查，注意到秘密侦查与技术侦查措施都具有隐秘性的特点，但由于二者的分类标准不同，因此并不能完全等同。

4. 从属说

从属说认为，所谓技术侦查措施是指侦查机关运用技术装备调查作案人和案件证据的一种秘密侦查措施，包括电子监听（俗称窃听）、秘密录像、秘密拍照、用机器设备排查、传送个人情况数据以及用机器设备对比数据等手段。[③] 该说认为，技术侦查措施在本质上是一种秘密侦查措施。侦查方式有两种：一是公开侦查，一是秘密侦查。技术侦查措施是侦查机关为对付技术化、隐蔽化、组织化甚至国际化的犯罪而发展起来的，其主要特点是在不为当事人知晓的情况下采用技术设备进行秘密调查、秘密取证，因而是典型的秘密侦查措施。但是，技术侦查措施又不能完全与秘密侦查措施画等号，秘密侦查措施除了采用技术侦查手段进行侦查之外，还包括邮检、情报员（即线人）、诱捕等侦查措施。秘密侦查措施的概念在

---

① 参见何家弘："秘密侦查立法之我见"，《法学杂志》2004 年第 6 期。兰跃军："比较法视野中的技术侦查措施"，《中国刑事法杂志》2013 年第 1 期。

② 参见陈瑞华："刑事诉讼法修正案之隐忧"，载《南方周末》2011 年 9 月 1 日。

③ 参见万毅："西方国家刑事侦查中的技术侦查措施探究"，《上海公安高等专科学校学报》1999 年第 4 期；袁周斌："论我国技术侦查措施立法的完善——以新《刑事诉讼法》为视角"，《湖北警官学院学报》2013 年第 5 期。

外延上广于技术侦查措施。该学说得到了学界广泛的支持。[①]

5. 广义狭义说

广义狭义说认为，技术侦查措施的含义有广义和狭义之分。广义上的技术侦查措施指侦查活动中的一切具有技术内涵的调查事实、收集证据、查获犯罪嫌疑人的方法，即技术性实施的侦查措施和一部分秘密（技术）侦查措施；狭义上的技术侦查措施特指秘密（技术）侦查措施。[②] 该说中广义的技术侦查措施概念强调了技术侦查的“技术性”特征，与“技术手段说”的观点基本相同；狭义的技术侦查措施概念则强调了技术侦查措施具有的“技术性”与“秘密性”的特征，与“从属说”的观点基本一致。

（二）技术侦查措施概念辨析

概念是构成社会制度的要素之一，是反映对象的本质属性的思维形式。概念是人类在认识过程中，将感性认识上升到理性认识，把所感知事物的共同本质特点抽象出来，加以概括的产物。概念都有内涵和外延，即其含义和适用范围。由于人们认识的不同，对于同一个概念的内涵和外延认识难以达成一致，但这并不妨碍制度的构建。

我国 2012 年修订的《刑事诉讼法》关于技术侦查措施的立法采取的是概括授权的模式，贯彻了我国一直以来“宜粗不宜细”的立法指导思想，没有明确规定技术侦查措施的概念和具体种类。这种立法方式，主要考虑

---

① 参见兰跃军：“比较法视野中的技术侦查措施”，《中国刑事法杂志》2013 年第 1 期。李江贞、李麦娣：“技术侦查措施的几点思考”，《山西省政法管理干部学院学报》2013 年第 6 期。

② 参见韩德明：“技术侦查措施论”，《浙江工商大学学报》2005 年第 3 期。袁周斌：“论我国技术侦查措施立法的完善——以新《刑事诉讼法》为视角”，《湖北警官学院学报》2013 年第 5 期。

到随着社会的迅速发展和科学技术的不断提高，技术侦查措施的具体实施方式也在不断提高更新中，因此在立法上做了开放式的处理。而且目前实践中出现的许多新的技术手段是否属于技术侦查措施仍存在较大争议，尚不能为技术侦查措施确定一个完整的定义。因此，我们通过对类似概念进行比较分析的方式，来界定技术侦查措施的基本含义。

1. 技术侦查与秘密侦查

关于技术侦查与秘密侦查二者的关系，国内理论界有等同说、交叉说和从属说等多种观点。等同说认为技术侦查就是秘密侦查。交叉说认为技术侦查有秘密方式也有公开方式，秘密侦查有利用技术手段和不需技术手段之分，二者存在交叉关系。从属说认为秘密侦查主要是指技术侦查，是一种以专门技术侦查器材为辅助的侦查手段，但还包括许多不需要专门技术器材辅助就可以实施的其他侦查手段，如跟踪、诱惑侦查、卧底侦查等。[①] 通常而言，秘密侦查是侦查机关根据查明案件事实的需要，由其负责人批准决定，派出侦查人员隐瞒身份进行的侦查活动。“秘密侦查”是相对于“公开侦查”的一种侦查方式，其“秘密性”主要体现在侦查机关采取侦查活动时不为对方当事人所知晓，从事侦查活动的人员在对方当事人不知其真实身份和目的的情况下收集与案件有关的证据、查明案件事实、查获犯罪嫌疑人、对犯罪被害人采取一定的保护措施，并对犯罪行为进行监控等一系列的侦查行为。秘密侦查有时需要借助专门的技术设备才能实现，但有时无需借助于专门的技术设备，如诱惑侦查、卧底侦查等。我国《刑事诉讼法》第 151 条规定的“由有关人员隐匿其身份实施侦查”，

① 参见兰跃军：“比较法视野中的技术侦查措施”，《中国刑事法杂志》2013 年第 1 期。

应当界定为秘密侦查措施。而“技术侦查措施”是与“非技术侦查措施”相对的概念，其主要区别体现在具体实施侦查行为时是否利用了技术设备与手段。技术侦查以侦查手段的技术性为主要特征，即掌握专门技术的侦查人员运用专业的技术方法和手段方能实施。技术侦查措施有的具有秘密性，但主要是依靠技术手段；有的技术性侦查措施不具有秘密性，如恢复电子数据等主要体现其技术性特征，但对于当事人而言是公开的。因此，秘密侦查与技术侦查的外延是有所重合的，但由于二者的分类标准不同，并不完全等同。

2. 技术侦查与特殊侦查

在我国，“特殊侦查手段”的最早规定见于2000年加入的联合国《有组织犯罪公约》。该公约第20条规定了“控制下交付、电子或其他形式的监视、特工行动”三类特殊侦查手段。联合国《反腐公约》第50条第1项的规定中，也使用了与《有组织犯罪公约》中对“特殊侦查手段”相同的用语及分类。2010年7月，两高三部联合实施的《关于办理死刑案件审查判断证据若干问题的规定》(以下简称《死刑案件证据规定》)中，使用了“特殊侦查手段”一词，但没有具体规定特殊侦查手段的种类。我国2012年《刑事诉讼法》第二编“侦查”一章中，也没有使用“特殊侦查手段”一词，只是在原有的侦查行为中增加了“技术侦查措施”一节。根据国际公约的规定，“技术侦查”、“隐匿身份侦查”、“控制下交付”等方法都属于特殊侦查手段。有观点认为，“特殊侦查措施”是相对于“一般侦查措施”而言的，而“一般侦查措施”是指我国1996年《刑事诉讼法》规定的五种强制措施和八种侦查行为，除此以外，其他侦查方法均属于“特殊侦查措施”。“特殊侦查措施”是个很宽泛的概念，只要《刑事诉讼法》没有规定的侦查方法都属于特殊侦查措施，因为1996年《刑事诉讼法》并未对技术侦查措施作出相关规定，所以“技术侦查措施”应当是在“特殊侦查手段”的范围之内。[①] 从含义上看，“特殊侦查措施”这一概念没能体现“技术侦查措施”内在的特点和应有的含义，如果认为《刑事诉讼法》中没有规定的侦查方法都属于特殊侦查措施，而不作具体种类的规定，那将导致侦查机关实践中任意采取各种手段，造成违法侦查的严重后果。

3. 技术侦查与侦查技术

侦查技术又称刑事技术，是指侦查机关为了发现、提取、固定、检验物证和防范控制犯罪而采用的各种科学技术手段的总称。在刑事案件的侦查中，很多案件的侦查手段都需要运用某些技术方法，如在人身伤害案件法医鉴定中某些检验设备的使用，在文书、痕迹、微量物证检验中一些技术设备和技术手段的使用等。因此，从这种意义上讲，许多刑事案件的侦查都需要借助某些技术方法，但这些只是将技术方法和手段应用于某种侦查行为之中。而技术侦查措施，如电子监听、电信侦控、密拍密录等，是作为独立的诉讼行为，应用专门的技术手段，直接获取与侦查对象有关的犯罪证据和事实，同时对侦查对象的活动予以跟踪监控。这些作为独立诉讼行为的侦查措施必须经过严格的审批手续，并经周密的筹划和部署方能实施，获取的证据才可以作为诉讼证据使用。按照公安部的要求，市级以上公安机关内部设置了技术侦查部门，技术侦查措施是由技术侦查部门负责实施，技术侦查部门主要有六项具体工作：外线侦查、麦克风侦听、

① 参见彭之千：“‘技术侦查措施’之辨析”，《法制与社会》2012年第8期。

电信侦控、密拍密录、邮件检验、密搜密取。

通过以上的比较分析，我们认为技术侦查措施应当是某一类侦查措施的总称，是由多种具有同类特征的侦查行为所组成的。结合我国法律的相关规定，技术侦查措施是指为了查明案件事实、查获犯罪嫌疑人和收集证据，侦查机关根据侦查犯罪的需要所采取的，针对特定对象运用现代科学技术或秘密手段的各种侦查行为的总称。对于此类侦查行为法治化，目的是制约国家公权力，避免该类侦查行为侵犯公民权利。而随着技术手段的不断发展、进步和更新，技术侦查措施的种类也在不断发展变化中，《刑事诉讼法》难以将其具体种类全部囊括，因此立法更应该着眼于规制现有技术侦查行为的适用条件、适用期限和审批程序等问题。

（三）技术侦查措施的特征

1. 手段的科技性

以侦查手段的科技含量为标准，可以将侦查行为分为技术侦查和非技术侦查。传统的侦查行为，如讯问犯罪嫌疑人、询问证人和被害人、搜查扣押等不需要科学技术或科技含量低的侦查行为属于非技术侦查。而技术侦查措施主要特征表现为科技性，即技术侦查主要运用一定的科技手段进行侦查，以高科技为依托，没有先进的技术装备和现代科技手段，技术侦查就无法实施。如电话监听、电子追踪、空中监视、红外线热成像、录音、录像等都需要高质量的科技设备。美国在 1982 年的科诺兹案（*United States* v. *Knotts*）中，警方将装有电子追踪器的一桶三氯甲烷卖给制毒分子，然后循线觅踪，最终破获一宗非法制造安非他命的毒品案件。在 1997 年马拉威案（*United States* v. *Mclver*）中，美国警方将一个全球卫星定位追踪器安放在犯罪嫌疑人使用的汽车车底，尾随追踪，最终破获一宗非法种植大麻的毒品案件。在1982年的西拉尔多案（*California* v. *Ciraolo*）中，美国警方利用飞机高空拍照的方法，于三百多米的高空中对犯罪嫌疑人自家后院的大麻种植场进行拍照取证，最终破获一宗非法种植大麻的毒品案件。在1991年的凯丽欧案（*Kyllo* v. *United States*）中，被告人在自家屋内种植大麻，因室内种植大麻需要高密度的灯光，美国警方于是在凌晨三点钟时于被告人屋外用红外线热成像仪扫描屋内，发觉屋内有异常高温现象，后申请搜查令状在被告人家中搜出大麻。[①] 这些案件的侦破都是采用了技术侦查手段，依靠高科技设备的运用才得以完成。

2. 行为的隐秘性[②]

技术侦查措施的隐秘性特点表现为侦查人员在采取这些技术侦查措施对犯罪嫌疑人进行调查时，无须征得对方的同意，是在对方当事人毫无所知的情况下进行的，如秘密录像、拍照、监听等。对方当事人处于完全不知情的状况，这使得侦查机关能够无障碍地获得有关案件的线索、收集相关证据、查明犯罪嫌疑人。

3. 对象的特定性

技术侦查措施通常是对特定对象展开的侦查活动。运用科学技术手段

---

① 参见艾明著:《秘密侦查制度研究》，中国检察出版社2006年版，第8页。

② 关于技术侦查的隐秘性，一种观点认为技术侦查可以分为两种情况：一种是技术手段的使用对当事人公开，甚至需要征得其同意，如进行测谎检查；二是技术手段的采用在一定范围内秘密进行，如电话监听等。参见宋英辉："刑事程序中的技术侦查研究"，《法学研究》2000年第3期。另一种观点认为技术侦查具有隐秘性，通常是在侦查对象不知情的情况下进行的侦查活动，公开运用技术手段对侦查对象进行的侦查活动，如测谎不称为技术侦查，多数人持此观点。参见陈光中主编:《〈中华人民共和国刑事诉讼法〉修改条文释义与点评》，人民法院出版社2012年版，第212页。

对不特定的人进行的防范式监控，不属于技术侦查的范围。根据我国《刑事诉讼法》的规定，在刑事诉讼中，技术侦查措施主要是针对严重危害社会的重大、复杂犯罪案件，或是对被通缉或者批准、决定逮捕的在逃的犯罪嫌疑人、被告人，可以采用技术侦查措施。①

4. 结果的侵权性

相对于传统的侦查手段，技术侦查措施一般是由侦查机关在侦查对象不知情时主动实施，极易产生侵害人权的消极后果。以电话监听为例，一方面通过监听可以获得特定的犯罪信息，有利于打击犯罪分子；另一方面也极易侵害被监听者甚至无辜第三人的隐私权。因此各国对技术侦查行为都进行了有针对性的法律规制。如美国先后出台了《综合犯罪控制与街道安全法》、《电子通讯隐私法》，英国则先后制定了《通讯拦截法》、《2000年侦查权规制法》，以单行法的形式对技术侦查行为进行法律规制。德国、法国、意大利等国也通过各自的刑事诉讼法典对不同的技术侦查措施给予明确的法律规制。

---

①《刑事诉讼法》第148条规定："公安机关在立案后，对于危害国家安全犯罪、恐怖活动犯罪、黑社会性质的组织犯罪、重大毒品犯罪或者其他严重危害社会的犯罪案件，根据侦查犯罪的需要，经过严格的批准手续，可以采取技术侦查措施。人民检察院在立案后，对于重大的贪污、贿赂犯罪案件以及利用职权实施的严重侵犯公民人身权利的重大犯罪案件，根据侦查犯罪的需要，经过严格的批准手续，可以采取技术侦查措施，按照规定交有关机关执行。追捕被通缉或者批准、决定逮捕的在逃的犯罪嫌疑人、被告人，经过批准，可以采取追捕所必需的技术侦查措施。"

二、我国技术侦查措施的种类

（一）技术侦查措施的制度考察

我国关于技术侦查制度的构建可以追溯到1949年，1955年10月中央批准公安部成立侦查技术局，制定了相应的规范性文件①。此后由于“文化大革命”的爆发而中断。到了1991年公安部又恢复成立了技术侦查局。

早在1980年，公安部就提出为了加强同重大刑事犯罪分子的斗争，可以采用技侦手段。② 在1985年公安部制定的《公安部关于侦查手段的使用原则和管理办法的暂行规定》中，对使用技术侦查手段的审批制度，工作管理、适用对象和目标作了细化规定。③ 到了1989年，最高人民检察院、公安部在《关于公安机关协助人民检察院对重大经济案件使用技侦手段有关问题的答复》中明确规定，对于极少数重大经济犯罪案件和重大的经济犯罪嫌疑分子经过严格审批手续后才可使用技术侦查手段，④ 但是对于什么是技术侦查，技术侦查措施实施的范围、审批的程序以及具体应当办理的手续等都没有一个明确的规定。

1993年《国家安全法》第10条和第33条的规定是我国首次以法律的

---

① 如《公安部关于侦查工作的若干制度的规定——技术侦查工作部分》、《公安部关于严格控制使用技术侦查手段的通知》。参见邓立军：“秘密侦查法治化研究”，四川大学2004年硕士学位论文。

② 公安部发布的《关于在侦查破案中充分运用各种技术手段的通知》中指出，为了加强同重大刑事犯罪分子的斗争，这些技侦手段，按规定的手续批准，可以用于刑事侦查。

③ 参见邓立军：“秘密侦查法治化研究”，四川大学2004年硕士学位论文。

④ 最高人民检察院、公安部《关于公安机关协助人民检察院对重大经济案件使用技侦手段有关问题的答复》明确规定：“对经济案件，一般的不要使用技术侦查手段。对于极少数重大经济犯罪案件主要是贪污贿赂案件和重大的经济犯罪嫌疑分子必须使用技术侦查手段的，要十分慎重地经过严格审批手续后，由公安机关协助使用。”

形式规定技术侦查措施，[①]明确了国家安全机关、公安机关侦查危害国家安全的案件时可以使用技术侦查手段。1995年，《人民警察法》对公安机关适用技术侦查方法作了扩大规定，[②]1998年最高人民法院、最高人民检察院、公安部、司法部、海关总署联合颁布的《关于走私犯罪侦查机关办理走私犯罪案件适用刑事诉讼程序若干问题的通知》中规定，海关走私犯罪侦查部门经严格审批后，可以采用技术侦查，但应由公安机关实施。2000年第六次全国公安技术侦查工作会议制定了《公安部关于技术侦查工作的规定》和《公安部关于加强公安技术侦查工作的意见》，对技术侦查的适用作出进一步规定。

2000年我国加入了联合国《有组织犯罪公约》、2005年加入了联合国《反腐公约》，这两个公约中都规定缔约国在打击相关犯罪时可以使用"电子或者其他监视形式"等技术侦查措施。2010年两高三部联合发布的《死刑案件证据规定》中规定对采用特殊侦查措施所收集的证据材料，经法庭核实后可以作为定案的依据，[③]表明实务部门对技术侦查措施及所取得证据的认可。2012年修订的《刑事诉讼法》增设"技术侦查措施"作为单独一节，同年修订的公安部《公安机关办理刑事案件程序规定》（以下简称《公安机关规定》）和最高人民检察院《人民检察院刑事诉讼规则

---

① 1993年《国家安全法》第10条规定："国家安全机关因侦察危害国家安全行为的需要，根据国家有关规定，经过严格的批准手续，可以采取技术侦察措施。"第33条规定："公安机关依照本法第二条第二款的规定，执行国家安全工作任务时，适用本法有关规定。"

②《人民警察法》第16条规定："公安机关因侦查犯罪的需要，根据国家有关规定，经过严格的批准手续，可以采取技术侦察措施。"

③《死刑案件证据规定》第35条第1款规定："侦查机关依照有关规定采用特殊侦查措施所收集的物证、书证及其他证据材料，经法庭查证属实，可以作为定案的根据。"

（试行）》（以下简称《最高检规则》）对刑事诉讼法相关规定进行了细化。总体来看，我国对技术侦查措施进行了一定的法律规制，初步建立了相应的法律制度。

（二）现行立法中技术侦查措施的种类

我国《刑事诉讼法》规定采取技术侦查措施，必须严格按照批准的措施种类执行，但是立法并未明确列举可采取的技术侦查措施的具体种类和手段，而是在“技术侦查措施”这一章节下同时规定了“技术侦查”、“隐匿身份侦查”和“控制下交付”三种侦查措施。《公安机关规定》规定：“技术侦查措施是指由设区的市一级以上公安机关负责技术侦查的部门实施的记录监控、行踪监控、通信监控、场所监控等措施。”①

根据我国《刑事诉讼法》的规定及相关解释，技术侦查措施主要包括以下三类：第一类是监控类侦查措施，第二类是隐匿身份侦查措施，第三类是控制下交付。

1. 监控类侦查措施

监控类侦查措施是指侦查人员采用技术手段，在相对人不知情时，对相对人的活动进行监视和控制的侦查手段。这类侦查手段主要包括秘密监听、技术追踪、场所监控、网络监视等，主要利用技术手段获取案件信息、证据和缉拿犯罪嫌疑人，体现了技术性的特点。随着新技术的发展，一些新的科技方法也加入到传统的技术侦查方式中。以监听为例，在美国监听已不限于传统的方式，司法中采取了对监听进行实质解释的方式，将

① 见公安部《公安机关规定》第255条。

一些新的技术手段如金属探测仪、热成像仪、缉毒狗、化学试剂、透视设备、卫星监测等方式，都认定为监听的方法，在法律上予以规范。这类新出现的技术侦查措施尽管形式新颖，方式多样，但从实质上讲都毫无例外地属于监听技术。因此，在美国的判例上认为，这些措施都构成了监听。① 此外如空中照相、电波追踪、数字化侦查等新的技术手段也不断应用到侦查中来，如《德国刑事诉讼法》明文规定，针对特定重大犯罪可以采用“用机器设备排查、传送个人情况数据”的方法。

我国侦查实务中也早已运用数字化侦查手段打击犯罪，而且 2012 年《刑事诉讼法》还规定对于被监视居住的犯罪嫌疑人、被告人，执行机关可以采取电子监控的方式进行监督；在侦查期间，可以对被监视居住的犯罪嫌疑人的通信进行监控。②

2. 隐匿身份侦查措施

隐匿身份侦查是指侦查机关根据查明案件的需要，由有关人员隐瞒身份进行的侦查行为，主要有化装侦查、卧底侦查和诱惑侦查等方式。不可否认，像侦破毒品、枪支交易等无被害人犯罪，或者一些组织化、隐蔽化犯罪，隐匿身份侦查方式具有比常规侦查手段更大的优势，可以取得良好的效果，越来越多的国家正在使用这类侦查措施。作为秘密侦查的一种，随着人类科学技术水平的提升，秘密侦查也从传统的依靠人力为主到现代

---

① 参见万毅：“解读‘技术侦查’与‘乔装侦查’——以〈刑事诉讼法修正案〉为中心的规范分析”，《现代法学》2012 年第 6 期。

②《刑事诉讼法》第 76 条规定：“执行机关对被监视居住的犯罪嫌疑人、被告人，可以采取电子监控、不定期检查等监视方法对其遵守监视居住规定的情况进行监督；在侦查期间，可以对被监视居住的犯罪嫌疑人的通信进行监控。”

的“人力与科学仪器相结合”转型。虽然我国刑事诉讼法认可了隐匿身份侦查措施，但同时对采用隐匿身份侦查行为进行了一定的限制：一是为了查明案件事实的需要，不能用于查明案情以外的目的；二是在必要的时候才可以采用，也就是说只有在侦查比较困难的案件，没有其他更好的可替代方法的情况下，才能实施；三是要经县级以上公安机关负责人决定，只有一定级别的公安机关负责人有权决定采用隐匿身份的侦查方法；四是只允许使用机会提供型侦查方法，不得使用诱使他人产生犯罪意图的方法，不得采用可能危害公共安全或者发生重大人身危险的方法。①

3. 控制下交付

控制下交付这种侦查行为，在 1988 年联合国《禁止非法贩运麻醉药品和精神药物公约》（以下简称《禁毒公约》）中已有规定②，经常被运用于毒品、枪支等犯罪案件的侦查。在涉及毒品、枪支等违禁品的犯罪侦查中，因为买卖双方都是犯罪人，查明犯罪困难，所以双方的交付行为是非常关键的环节，对于收集证据、查获赃物和抓捕犯罪嫌疑人起着十分重要的作用。因此实施控制下交付，即在进行交付行为时对参与犯罪活动的嫌疑人进行控制，在当场交付过程中查获犯罪嫌疑人和犯罪物品并查获犯罪证据，防止犯罪行为完成后犯罪嫌疑人逃避法律的制裁或者造成严重危害

---

①《刑事诉讼法》第 151 条第 1 款规定：“为了查明案情，在必要的时候，经公安机关负责人决定，可以由有关人员隐匿其身份实施侦查。但是，不得诱使他人犯罪，不得采用可能危害公共安全或者发生重大人身危险的方法。”

② 联合国《禁毒公约》第 1 条（g）项规定：“‘控制下交付’系指一种技术，即在一国或多国的主管当局知情或监督下，允许货物中非法或可疑的麻醉药品、精神药物、本公约表 1 和表 2 所列物质或它们的替代物质运出、通过或运入其领土，以期查明涉及按本公约第 3 条第 1 款确定的犯罪的人。”

后果，这对于打击毒品犯罪具有重大意义。我国《刑事诉讼法》规定公安机关在侦查涉及给付毒品等违禁品或者财物的犯罪活动时，可以根据侦查犯罪的需要实施控制下交付。[①] 公安部《公安机关规定》也作出了相应的规定。[②]

三、技术侦查措施的性质考察

（一）作为诉讼行为的技术侦查措施

诉讼行为理论最早由大陆法系学者提出，对于刑事诉讼行为的理解有广义与狭义两种观点。广义说认为，整个追诉犯罪、惩罚犯罪的过程称为诉讼程序。诉讼程序由诉讼主体为确定具体刑罚权的有无及其范围的各个行为组成，因此所有这些行为均可称为诉讼行为。“由于整个诉讼程序是由一连串的诉讼参与人的活动所组成，诸如逮捕、羁押、讯问、判决等等，所有这些诉讼上的相关活动，不问其方式为何，都可以称为诉讼行为。”[③] 由此可见，诉讼行为的种类繁多，形式不一，可能是积极作为，也可能是消极不作为；可能是事实行为，也可能是法律行为。但有学者认为，广义说的诉讼行为过于广泛，因此提出“在诉讼程序中能按意愿达到所期望之法律效果，并促使诉讼程序继续进行之意思表示，如告诉、公诉、羁押命

---

①《刑事诉讼法》第151条第2款规定：“对涉及给付毒品等违禁品或者财物的犯罪活动，公安机关根据侦查犯罪的需要，可以依照规定实施控制下交付。”

② 公安部《公安机关规定》第263条规定：“对涉及给付毒品等违禁品或者财物的犯罪活动，为查明参与该项犯罪的人员和犯罪事实，根据侦查需要，经县级以上公安机关负责人决定，可以实施控制下交付。”

③ 林钰雄著：《刑事诉讼法（上册）》，中国人民大学出版社2005年版，第182页。

令、审判程序之命令等”①，才是诉讼行为。在我国，大多学者认为持广义的见解更有利于对诉讼程序的规范②，提出诉讼行为是指合乎诉讼法所规定的构成要件，并足以发生诉讼法上之效果的法律行为。③

国家为保障刑事诉讼的顺利进行，一般会通过立法对各类诉讼行为进行规范。诉讼行为的关键在于其效力，只有符合特定的要件，才会产生诉讼法上的效力。有效的诉讼行为一般要具备以下要件：（1）行为主体合格，只有依法有权实施特定诉讼行为的主体实施的该特定诉讼行为才有效。比如只有法官才有权进行审判，只有侦查人员才有权实施侦查行为，只有检察官才有权提起公诉。（2）行为意思表示合格，特定主体实施特定诉讼行为仅是诉讼行为有效的前提条件。如果行为主体失去意思表示能力，或者其意思表示不真实，其所为的诉讼行为也不可能产生诉讼法上的效力。（3）行为形式合格，诉讼行为应当符合法律规定的形式要件。比如检察官起诉、抗诉必须以书面形式；而被告人上诉既可以书面形式，也可采用口头形式。再比如，所有法庭审理活动须采用通用语言等。（4）行为内容合格，诉讼行为必须是在刑事诉讼过程中实施的，能够发生诉讼法律效果的行为。只有依法能够引起诉讼法律关系产生、变更或者消灭的行为，才是诉讼行为。

理论上对技术侦查措施性质的认识不同，将导致立法上如何规制以及司法实践中如何实施该措施的不同。大陆法系成文法国家，传统上认为侦查行为是形成诉讼的相关活动，当然带有诉讼的性质，通常要求检察官在

①〔德〕克劳思·罗科信著：《刑事诉讼法》，吴丽琪译，法律出版社 2003 年版，第 195 页。

② 参见宋英辉著：《刑事诉讼原理》，法律出版社 2003 年版，第 196 页。

③ 陈瑞华著：《刑事诉讼的前沿问题》，中国人民大学出版社 2000 年版，第 180 页。

执行侦查、起诉责任时履行“客观义务”，并要求警察接受一定的司法审查和抑制。技术侦查措施作为伴随科学技术发展而出现的新型侦查行为，无论是在立法或司法层面，大陆法系国家都要求其受到法律保留原则和比例原则的控制。英美法系国家传统上不承认侦查是刑事诉讼的组成部分，因而在法律上对侦查程序的规定较少。但是美国联邦最高法院在 1960 年代的“正当程序革命”中通过对宪法修正案的重新解释，逐步将警察的侦查活动纳入法治的轨道，对侦查行为作出相当严格的规定。英国在 1984 年之后通过《警察与刑事证据法》等成文法，规定警察的侦查行为要受到法律的严格制约，要在法律严格规定的条件下才能实施，同时警察的侦查行为当然包括技术侦查措施均要接受来自于法官的严格司法审查。可以看出，大多数国家基本上都将侦查活动纳入了法治轨道，运用法律手段对侦查机关的侦查行为作出具体明确的限制性规定。

在我国，技术侦查措施长期以来只是作为侦查机关的一种侦查手段，在 1993 年以前一直由公安机关内部的办案规则和程序对其予以规范，没能将其作为一种诉讼行为或侦查行为，纳入到刑事诉讼法的规范范畴。1993 年《国家安全法》首次以法律形式确立了技术侦查措施，但在立法上，《国家安全法》适用的范围非常狭窄，仅限于国家安全机关或者公安机关侦查危害国家安全的犯罪时采用。其后《人民警察法》和公安部的相关规定虽然对技术侦查措施进行了规制，但大多属于公安机关的内部组织法，只适用于规范公安机关人员的职业行为，不能作为程序法适用。[①]2012 年修订的《刑事诉讼法》在“侦查”一章中增加了“技术侦查措施”一节，使得

---

① 参见艾明著:《秘密侦查制度研究》，中国检察出版社 2006 年版，第 17 页。

"技术侦查措施"与勘验、检查、搜查、查封、扣押等侦查行为具有了同样的法律地位，这一定位将技术侦查措施上升到诉讼行为的层面来进行审视和规范，而不仅仅只是作为一种侦查手段，为进一步规范技术侦查措施奠定了基础。

技术侦查措施作为法定的诉讼行为，是诉讼主体在刑事诉讼中有意识实施的能够产生刑事诉讼法上效力的行为。侦查机关所采取的某一技术侦查行为是否有效，鉴别的标准关键在于是否符合法律规定的条件和程序。将技术侦查措施界定为诉讼行为，纳入到侦查程序中，就可以通过诉讼法律制度对其进行规范，摆脱原来的由"隐形法律"规范的局面，使其具有法律行为的属性，与搜查、扣押等侦查行为一样，遵循法定的程序和规则。"无论是英美法系还是大陆法系国家，其侦查程序都呈现出以下几个方面的发展趋势：（1）普遍建立了针对侦查行为的司法授权和审查机制；（2）普遍建立了对审前羁押的司法控制机制；（3）被告人的沉默权和律师帮助权得到较为普遍的确立；（4）辩护律师在侦查中的参与范围得到扩大；（5）普遍通过司法裁判程序对侦查活动进行制约。"[①] 这些程序和规则对于制约国家权力，防止侵犯公民权利具有重要意义，既是现代法治的要求，也体现了刑事诉讼的价值和目的。

（二）作为强制侦查的技术侦查措施

根据相对人是否自愿配合侦查行为，可将侦查行为划分为任意侦查行为和强制侦查行为两种。任意侦查是不采用强制手段，不对相对人的合法

① 参见陈瑞华著：《刑事诉讼的前沿问题》，中国人民大学出版社2000年版，第316—321页。

权益强制性地造成损害，而由相对人自愿配合的侦查行为；强制侦查是不受相对人的意愿约束，通过强制方法对相对人进行的侦查活动。[①]强制力是一种直接以物理力或压迫力使相对人服从的方法，越是通过强制手段进行的侦查行为，侵犯相对人基本权利的可能性越大。在对任意侦查和强制侦查作出明确划分后，各国法律均规定在相对人同意的情况下，可以由侦查人员实施侦查行为而无须向司法机关申请令状，即令状原则的例外。由于强制侦查行为对相对人权益的侵犯更为明显，因此要求以令状形式对其进行司法审查，实行强制侦查法定主义是法治国家控制侦查权的普遍规律。然而在侦查手段不断发展变化的情况下，许多国家对传统的"以是否存在强制力"作为划分强制与任意的标准进行了检讨。因此，判断技术侦查措施是否属于强制侦查的关键是区分任意侦查与强制侦查的标准。

日本关于强制侦查标准的学说与司法判例，大体上经历了以下发展阶段:（1）物理有形力的传统观点，认为实施侦查行为的一方使用了直接强制的有形力，即是强制侦查行为。（2）新强制处分说，即在强制与任意处分之间存在中间的实力说服情形。最高法院昭和 51（1976）年 3 月 16 日的一判例印证了这一学说。在这起案件中，警察正在说服因醉酒驾驶自愿到警察局的犯罪嫌疑人接受酒精检查时，该嫌疑人意图逃走，警察抓住其左手腕。最高法院认为警察的行为不是强制侦查而是任意侦查，并指出在特定情形下，任意侦查中也可以采用一些未达到一定程度的有形力，但不得超出社会观念所认可的与其具体状况相适应的程度。[②]（3）权利侵害说，

---

① 参见孙长永："强制侦查的法律控制与司法审查"，《现代法学》2005 年第 5 期。

② 参见日本最高法院刑事判例集第 30 卷第 2 号第 187 页。

这种观点以是否侵犯被处分者的法益作为强制侦查的标准，如果被处分者包括隐私权在内的法益受到侵害，就是强制处分。比如监听、拍摄照片等侦查行为并没有行使有形力，但其侵犯了个人隐私权，因而也可能是强制侦查，不能将其排除在司法性抑制之外。（4）限定侵犯法益的受处分人标准说。这种观点要求被侵犯的法益必须是重要法益，才能认定为强制侦查措施。① 由此可见，日本传统观点区分强制与任意侦查行为，以是否行使了物理有形力及有形力的程度为标准。随着侦查犯罪的需要及科学技术的进步，拍照、监听、测谎、身体检查等新的侦查手段的运用，强制侦查与任意侦查的区分标准发展为是否实质上侵害相对人的权利。任意侦查与强制侦查区分标准的这种发展，说明日本侦查目的中抑制国家权力滥用以保障人权的比重增大。

作为大陆法系代表国家的德国，从运用国家强制力的角度出发，传统上称强制侦查措施为“强制处分”，并将强制处分定位为单纯的诉讼行为。但到了20世纪50年代，理论界提出了“双重功能的诉讼行为”观点，开始对“强制处分”用语的准确性进行反思，认为强制处分行为兼具程序与实体的性质，传统观念中的“强制处分”用语，并不能囊括许多现代形态的强制侦查行为。例如，羁押虽然是形成程序的诉讼行为，但同时也约束相对人的自由权；搜查侵扰相对人住宅安宁权；身体检查干预相对人的身体不受侵犯权。尤其是通讯监察这种影响公民通讯自由和隐私权的行为，其特性在于不知不觉的秘密性，欠缺传统的逮捕、羁押等侦查行为的直接强制力，所以使用强制处分用语已不适宜，刑事诉讼法应当放弃“强制处

①〔日〕田口守一著:《刑事诉讼法》，刘迪等译，法律出版社2000年版，第30页。

分”的传统用语，改以“刑事诉讼上之基本权干预”替代。[①]这种学说使得强制侦查行为和其他公法上干预公民权利的行为一样，受到法律保留原则与比例原则的拘束。

我国台湾地区传统上将强制侦查称为强制处分，之后学者们认同双重功能之诉讼行为理论，主张用“干预人民基本权利行为”来界定强制侦查。“由于强制处分对于受处分者行使强制力或使其负担法律上义务，经常是对人民基本权之侵害，是以学说上乃有称之干预基本权之行为。”[②]之所以强调强制侦查行为是对公民基本权利干预的行为，目的在于将强制侦查措施纳入法律保留原则和比例原则约束的范畴，并重视违法强制侦查行为的救济途径。由于科技突飞猛进，物理侵入的传统标准已不能防范政府对公民的窥视与窃听，犹如其他强制处分，技术侦查措施一方面是为了完成刑事诉讼程序目的而实施的诉讼行为，另一方面也同时是“刑事诉讼上的基本权干预”，而且与搜查、扣押等其他强制侦查行为相比，对公民基本权利的侵害尤甚。

美国联邦宪法在美国司法领域占据了非常重要的地位，它通过人权法案特别是第四、五、六、八和十四修正案及其相关判例，将强制侦查行为应当受到司法审查的基本精神予以法制化。由于搜查、扣押、羁押对公民隐私权、财产权和人身自由权有所侵犯，因此要求政府在实施这些强制措施时，必须由司法机关审核其是否有“相当理由”，并签发令状，以防止无正当理由的强制处分。但对于何为侵权，联邦最高法院通过一系列的判

① 参见林钰雄著:《刑事诉讼法（上册）》，中国人民大学出版社 2005 年版，第 225—226 页。

② 林俊益著:《刑事诉讼法概论（上）》，新学林出版股份有限公司 2009 年版，第 210 页。

决确立了从“物理性侵入”到“隐私权合理期待”的判决标准。早期，最高法院判断搜查[1]等强制处分行为的标准是“是否存在物理性侵入”，如果缺少物理性侵入，政府行为就不属于强制处分，相对方的权益就不属于宪法保护的范畴。在1928年的奥姆斯特德案（*Olmstead* v. *United States*）中，最高法院认为监听没有对公民的住宅进行搜查，也没有对公民的人身实施羁押，更没有对公民的文件和任何实际物品进行扣押，因此不适用宪法第四修正案中有关搜查与逮捕的令状原则。但在1967年卡茨案（*Katz* v. *United States*）后，确立了“隐私权合理期待”标准。联邦最高法院认为，无令状的监听行为违反了宪法第四修正案的规定，监听被视为“非物理性”的搜查与逮捕，必须有法官的许可，方可实施监听。

简要分析一下各国与地区对强制侦查措施的判断标准，大多经历了从“有形强制力的使用”到“侵犯权益说”的发展过程。最初以“有形强制力”即可解释清楚强制侦查行为的本质特性。然而，对于某些只实施了轻微物理有形力的侦查行为，如果也将其认定为强制侦查行为，要求侦查机关依法定程序获得法官或检察官的许可，可能会对侦查活动形成不合理的限制。因此有国家基于侦查实效性的考虑，提出了“主、客观标准说”。“为了实现强制性侦查目的压制个人意志，限制身体、住所、财产的行为等等，只有根据特殊规定才能允许的手段，在考虑必要性、紧急性的基础上，在具体的情况下认为适当的限度内可以允许。”[2]这一学说，首先

① 美国搜查措施的范围较广，将监听、体液测试、高空拍照、热红外线探测等新型技术侦查手段均包含在刑事搜查中。

②〔日〕田口守一著:《刑事诉讼法》，刘迪等译，法律出版社2000年版，第30页。

否定了有形力作为唯一标准；其次，设定了压制个人意志与制约身体、住所、财产的两种主、客观标准；再次，允许在必要性、紧急性、适当性因素下，进行有形力的任意侦查。但是，随着科学技术的迅猛发展，秘密监听、高空拍照、远距离监控等新型侦查手段的出现，许多侦查行为不需要实施强制力，便可窥探到相对人的住宅、私生活、个人信息、通讯等。因此，判断强制侦查行为的传统的“物理强制力说”已经不能解释这些推陈出新的侦查措施，“权利侵害说”应运而生。由此可见，学界普遍认同强制侦查行为会对公民个人权益，甚至往往是宪法中规定的公民基本权利造成重大侵犯和损害。

根据现在通行的判断强制侦查和任意侦查的标准——“权利侵害说”，我们可以得出技术侦查措施属于强制侦查的结论。如果以传统“有形强制力”标准分析，技术侦查措施通常不会对相对人施以直接或间接的强制力，应不构成刑事诉讼中的强制处分。唯有从“权利侵害说”角度观察，警察利用高科技手段“穿墙入室”或安装追踪仪器等秘密窥视公民的私生活，与直接破门而入的其他使用强制力的强制措施相比，更令人毛骨悚然，对公民的隐私权的侵犯更甚。只有在理论上将技术侦查措施的法律性质界定为强制侦查，才能在立法上和司法实践中重视技术侦查强制性的一面，重视其对相对人的隐私权等权利造成严重侵害的一面，进而将其纳入法制的轨道，在立法上和司法实践中严格予以规制。

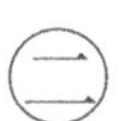

第二章 个人隐私权的界定

世界范围内，隐私权的法律保护在 19 世纪才出现，标志是两名美国法学家于 1890 年在《哈佛法律评论》上发表的名为《隐私权》的论文。该文指出："时至今日，生命的权利已经变得意味着享受生活的权利……即不受干涉的权利……新的科学发明和行事方法使人们意识到对人的保护的必要。"[①] 该文发表后，有关隐私权的法学研究、立法和司法建构逐步发展起来，如今绝大多数国家的宪法和法律都将隐私权作为公民的一项基本人权加以保护。隐私权保护主张的提出是与社会交往中暴露个人隐私直接相连的，因此有必要深入权利和人性的本质来界定隐私权。

一、隐私与隐私权发展的阶段

（一）以"隐"为核心的个人隐私权

1. 隐私之人类本性需求

"早在文字出现之前，人类的先民即已认识到某些纯属于私人的、不

① See Samuel D. Warren & Louis Brandies, *The Right to Privacy*, 4 Harv. L. Rev. 193,（1980）.

宜示人的事物——隐私之存在。而我们今天对于自然人的隐私权保护予以前所未有的关注，是因为它已经或者正在成为一个影响现代大众生活的重大问题。”[①] 保护隐私的权利主张虽然出现得较晚，但是人类社会对于隐私的认识和需求却是自古就有的。人类的隐私意识和观念早在远古时代就已经产生，心理学家认为，人类的隐私意识起源于羞耻心的萌发。[②] 民法学家张新宝认为，人类认识隐私开端于“知羞耻”、“掩外阴”的心态。[③] 而美国思想家汉娜·阿伦特则指出：“有史以来，直至我们这个时代，需要隐匿于私下的东西一直都是人类存在中身体的部分，即一切与生命过程的必然性相关联的东西。”[④] 换句话说，人类作为自然界具有语言思维的高级生物仍然不可避免地具有动物属性，而人类的进化就是不断地深层次地认识进而摆脱自己的动物属性，最终使自己成为自然界主体的过程。在耳熟能详的圣经故事中，人类的始祖亚当和夏娃因偷吃能够分辨善恶的苹果，而为自己的赤身露体感到羞耻，便用树叶编做裙子遮蔽羞处。羞耻之心是人类心明眼亮之后认知的第一件事，真正意识到需要把人类与动物区别开来，正是人类的精神性发展和追求的表现。羞耻心就是人类精神性追求的体现，其更深的根基在于人类对于自我的认识与支配。

人类不可能完全摆脱肉体性动物存在的宿命，但是人类确实需要精神上认识自我、支配自我、超越自我，这种认识和超越需要在肉体和精神的

---

① 张新宝著：《隐私权的法律保护》，群众出版社 2004 年版，第 2 页。

② 朱理：“网络隐私权的保障与冲突”，载《网络法律评论》（第一卷），张平主编，法律出版社 2002 年版，第 231 页。

③ 张新宝著：《隐私权的法律保护》，群众出版社 1997 年版，第 13 页。

④〔美〕汉娜·阿伦特：“公共领域和私人领域”，刘锋译，载《文化与公共性》，汪晖、陈燕谷主编，三联书店 1998 年版，第 101 页。

博弈间完成。所以，只要私人事务存在，隐私就存在。中西方社会在古代都曾经出现过隐士思想，表明了个体通过躲开外在世界追求内心精神独立的姿态。隐士思想影响了社会中普通人的心理与行为，虽然中西方的隐士方式有所不同、对社会的影响也有所不同①，但是个体躲开社会群体生活回归内心自省正是人类精神性本性的直接体现。所以，从起源上看，隐私是与人类的本性相连的人类的基本需求之一。

2. 少数特权阶层的隐私权保护阶段

如果说，最初的隐私观念是和人类的羞耻心联系在一起的，那么，不可告人、不公开就是隐私的核心含义。不公开、隐匿人的私生活，和人类本性相连的隐私在古代社会仅仅是一种普通民众的生活事实而已，公开讨论隐私几乎没有必要，只有在探讨少数精英参与的公共生活，或者顶层统治者的私生活时，才有讨论隐私的必要。所以，有学者认为，在古代社会，当隐私代表的私人生活在和公共生活发生联系时，是有着特别讨论的必要的。"隐私"这个概念本身包含了区分公共生活和私人生活的意味，至今公共领域和私人领域的区分仍然是人们在使用的概念，而且公私领域的区分也是从古希腊时期起，最受尊重也最重要的一个政治哲学教条。②原因在于，在原始社会，人类的群体性生活很难与公共生活区分开来，人们很少具有纯粹私人的场所，公共性是群体生活的保障，也是个人生存的

① Wolfgang Bauer, "The hidden hero: creation and disintegration of the ideal of eremitism", Donald J. Munro, ed., *Individualism and holism: studies in Confucian and Taoist values*, Ann Arbor Center for Chinese Studies, The University of Michigan, 1985, pp159—190.

② 参见〔美〕阿丽塔·L. 艾伦、理查德·C. 托克音顿著:《美国隐私法学说、判例和立法》，冯建妹等编译，中国民主法制出版社 2004 年版，第 4 页。

保障。所以，沿袭原始社会的传统观念，人类社会在很长一段时期内，凡是非公共的用语均都带有贬义色彩，意味着与离群索居相关联，或是被剥夺了参与公共生活，尤其是参与政治生活的权利。[①]对古人而言，个人生活是具有隐秘色彩的，甚至是羞耻的。以往人们用“阴私”一词代替“隐私”，即表明这种羞耻的私人生活不能暴露在公众面前，也不能在公开场合谈论。虽然古代人们能够意识到“隐私”的事实，但是还没有形成“隐私”的观念，当然更不存在保护个人隐私的观念，每个人的个人生活都是不公开的、隐匿的私生活。所以，虽然在古代社会出现过家庭生活成为私人空间的时期，但是，在古代社会群体性社会生活背景下，隐私仅具有整齐划一的“隐”的必要，而没有特别保护的需求。

到了奴隶社会和封建社会，随着经济的发展，阶级的分化，国家和国家权力的产生，对于掌握了国家政权的统治者而言，隐私权是可以无限享有的。例如在古印度，国王的容貌、形象都是隐私；在中国历史上，秦朝时期就有“窥宫者斩”的规定，此后也都有禁止探听宫廷内部消息和皇亲国戚个人生活的惩罚性法律。唐朝以后，议论皇室事务则一直在“十恶”之列。[②]在这一时期，隐私权是统治者的特权之一，普通民众不能享有。如果普通人想要获得私人空间，则意味着不涉及公共事务，或者说，“私隐是贱民的命运”。[③]如此看来，从古代社会隐私的社会需求来看，受制于社会整体私人生活的缺乏，隐私是被公共生活吞噬的极为有限的存在。但

---

① 参见沈中、许文洁著:《隐私权论兼析人格权》，上海人民出版社 2010 年版，第 77 页。

② 参见杨立新著:《人格权法论》，人民法院出版社 2006 年版，第 676 页。

③〔美〕理查德 · A. 波斯纳著:《正义 / 司法的经济学》，苏力译，中国政法大学出版社 2002 年版，第 276 页。

是与社会等级制度相连，隐私又是上层社会统治阶层的特权，意味着与权力结合，象征着更为尊贵的生活的存在。因为要维护这种等级秩序，实际上，统治阶级在保有隐私特权的同时，是反对和压制社会大众的隐私保护需求的，这在东西方社会均有体现。

就中国古代社会而言，推行“君为臣纲，父为子纲，夫为妻纲”及“仁、义、礼、智、信”等道德教化，无论是社会或家庭中，总的意识形态是消灭个人主义的，中国古代社会的隐私主要表现形式为家族隐私。在中国历史上，父权家长制是每个家族的传统，家庭成员必须服从男女、尊卑、长幼的等级秩序，个人没有独立的法律人格，均体现为父权家长的人格。在这种状况下，个人没有隐私可言，只有家族隐私，而家族的隐私实际上是家长个人的隐私。每个人在政治生活、社会生活乃至家庭生活和个人的独处中的“隐”与“显”都根据其在家族中的等级秩序来决定，这种自主决定的“隐”与修身、齐家、治国、平天下联系在一起，实现了“隐”与“显”的相互依赖、相互转化。①家族隐私形式和大一统的社会格局使得与个人生活密切相连的隐私遭到严重的禁锢，而这种传统一直延续下来。在消灭个体主义价值的意识形态下，积极追求个人生活的隐私观念在中国历史上一直没有成长的土壤。

对于古代西方人而言，以公民个人为核心的隐私权观念并不存在。隐私必然是一个同自由，即政治或公共领域相对立的范畴。②古希腊人认为，在私室里、在共同世界之外度过的生活按其本质便是“愚蠢的”；古罗马

① 参见张莉：“论隐私权的法律保护”，中国政法大学2006年博士学位论文。

② 参见〔英〕史蒂文·卢克斯著：《个人主义》，阎克文译，江苏人民出版社2001年版，第55—56页。

人也认为，私人性仅仅提供了一个逃避共和国事务的临时藏身之所。[①]与中国古代不同，在古罗马帝国和古希腊时期，个人权利观念已经开始兴起，这种权利观念为近代自由主义的发展奠定了理论基础、提供了精神食粮。[②]这种重视公民个人生活的理念在经历了欧洲中世纪的黑暗年代以后，在近代资本主义自由思想的启蒙下逐渐形成。

虽然，隐私的保护与特权相连，但是“隐私”一词实际上反映了一种与自由相统一的属性，当普通大众都能平等、广泛追求个人自由时，隐私权保护的主张就从幕后走到了台前。

3. 以“隐”为核心的隐私权普遍保护阶段

在现代社会，“隐私”是与资产阶级革命提出的自由、平等口号联系在一起的，是平等、自由要求的一种延伸，反映了西方文化的内涵。与隐私的传统含义相一致，隐私权最初出现时的内涵非常有限，在人类历史发展的很长一段时间内，隐私仅为特权阶层的权利，直到资产阶级革命带来了普遍平等权利保护的主张，人类社会的沟通传播手段有了突飞猛进的发展，隐私权的普遍保护主张才得以出现。

1890 年，沃伦与布兰戴斯两位法学家合著的论文问世后，虽然迟至 20 世纪 60 年代，隐私权才真正因为科技的急剧变革引起高度重视和严肃辩论，[③]但是这篇论文却拉开了关于隐私权保护讨论的大幕，把“隐私权”

---

① 参见〔美〕汉娜·阿伦特：“公共领域和私人领域”，刘锋译，载《文化与公共性》，汪晖、陈燕谷主编，三联书店 1998 年版，第 70 页。

② 王秀哲：“隐私、隐私观念与隐私权”，《理论与改革》2005 年第 1 期。

③ 刘静怡：“网络社会的信息隐私权保护架构：法律经济分析的初步观察”，http://article.chinalawinfo.com/article_print.asp?articleid=1262，最后访问时间 2015 年 8 月 16 日。

作为公民的一项独立的权利提出来。考察当时的社会背景，就会发现隐私权保护主张出现之时，恰逢西方自由资本主义上升发展时期，普遍人权保护的观念得以确立，但囿于信息传播的现实局限，隐私权保护的实际需要经过了一段时间的发展。

首先，近代自由主义思想是隐私权保护萌发的基础。如果说在亚里士多德的时代，公共领域远比私人生活更为重要是一种共识，那么，在洛克和霍布斯看来，个人则应该被置于比国家和社会更优先的位置，密尔在《论自由》中也曾指出，只有在涉及他人的部分上，个人的行为才应对社会负责，而对于只涉及本人的部分，则享有绝对的独立性。因而，隐私观念是随着自由观的变化而变化，私人领域也是随着经济的发展而愈加丰富。[①]1890 年沃伦和布兰戴斯就是针对新闻媒体对普通人的私生活随意报道，而提出的“不受侵扰的独处权”的隐私权保护主张。19 世纪末期的美国正是新移民努力建设新国家并极力维护个人权利的时期，社会平等的发展，带来了普通民众对于私人生活的自由追求，隐私不再是高等级人群的特权，而是普通大众可以主张的广泛的、平等的基本权利。但是和传统的隐匿私人生活的观念相连，隐私本身表现出了其非常注重独立性和避免对他人影响的特性，其最初的核心表现方式也在于“隐遁”和减少同社会的交往。一些人为了远离社会公共生活而迁徙到某个乡间村落与尘世隔绝，这即表明开始主张个人隐私，同时也赋予了隐私权利之意。

其次，经过了自由主义思想传播之后建立起来的资本主义，确立了私有财产神圣不可侵犯的法律理念，并进行了有限政府的制度设计，这其中

① 沈中、许文洁著:《隐私权论兼析人格权》，上海人民出版社 2010 年版，第 78 页。

无疑包含了对个人自由的尊重与保护，即，躲进个人城堡（住宅），个人对于私人事务自负其责，自可以实现隐私不受打扰和保密的目的。在生产力发展水平较低、人们之间的交流和社会信息传播还较落后的近代社会，私人生活和个人自由都穿着物质的外衣，人们的隐私具有实体的物质外壳，国家通过对物质外壳的保护可以自动实现对个人隐私的保护。因此有学者认为，法国《人权宣言》确定的个人自由包含了隐私权，“隐私被视为个人自由的一部分。该规定确立了对个人自由绝对保护的边界，可以视为其保护的范围包括了作为个人自由一部分的隐私权”①。在自由资本主义时期，法律并没有明确规定隐私权是公民的基本人权，而是将其作为个人自由和私人财产权利的客体加以保护。

再次，隐私权的明确权利保护主张，产生于社会的发展变化给隐私权带来的实际侵犯。如果能够“隐”，隐私保护自可以不用借助于隐私权的主张，隐私从“隐”中走出来，实在是因为不得已的原因。19 世纪末，新闻媒体发达，报业肆意行使言论自由权，结果个人私生活成了新闻媒体恶意炒作的对象，严重侵犯了个人的隐私。1890 年美国学者沃伦在饱受新闻媒体报道侵害个人隐私之苦后，与布伦戴斯合作发表论文，从精神痛苦的角度明确提出“隐私”是应当受到法律保护的利益，认为公民的“隐私权”是一种独处权利（Right to be let alone）②。但是，显然，沃伦和布伦戴斯的隐私权主张还是一种回归“隐”的努力。到了 19 世纪 60 年代初，威廉·L. 普雷瑟教授发表了《论隐私》一文，这篇论文成为 20 世纪关于隐

① 周伟著:《宪法基本权利：原理·规范·应用》，法律出版社 2006 年版，第 132 页。

② Robert C.Post, "Rereading Warren and Brandeis: Privacy, Property, and Appropriation", Eric Barendt, ed., *Privacy*, Darmouth Publishing Company, 2001, p126.

私侵权领域最有影响力的论文。在论文中，普雷瑟教授分析了美国上诉法院中涉及公民隐私的300多个案例，归纳了侵犯隐私权的类型，被吸收进美国《侵权法重述（二）》第652条。该条认为隐私侵权包括"侵入原告僻静的居所或独处地点或者侵入其私人事务；公开原告的私人事件；扭曲原告形象而公之于众；为了私人利益而盗用原告姓名或肖像"四种情形。[①] 普雷瑟教授的理论认为隐私侵权法保护的重点是侵入隐私与暴露隐私，这一理论依然体现了隐私以"隐"为核心的价值取向。"隐"不受侵扰、"隐"不被公开，是信息社会之前隐私权保护的主要特点。

实际上以"隐"为核心的隐私权保护观念，在近代资本主义确立保护个人自由、私人财产神圣不可侵犯的社会制度中就已经存在，只是在私有财产神圣不可侵犯的自由资本主义时代，隐私权利是隐藏在个人财产权背后的。在19世纪的资产阶级社会，个人的私生活和公共生活严格区分，因而将隐私权局限于住宅、家庭生活和通信领域。在公共生活领域，个人发展受到法律、社会规范或道德规范的严格限制；与此同时，个人可以在其私领域，不受限制也不被监督地全面发展自己的个性。因此导致隐私或多或少地成为秘密的、晦暗的，在公共领域被禁止的东西。[②] 所以，当隐私受到现实侵犯时，被迫从"隐"的状态走出的权利保护，诉求的依然还是回归"隐"的状态。这种隐私观念要求的是对个人思想或行为的不干涉、不侵犯。隐私是一种与别人毫不相干的领域，需要公众的宽容和国家的保

---

① 参见〔美〕阿丽塔·L.艾伦、理查德·C．托克音顿著：《美国隐私法学说、判例和立法》，冯建妹等编译，中国民主法制出版社2004年版，第25页。

② 参见〔奥〕曼弗雷德·诺瓦克著：《民权公约评注：联合国〈公民权利和政治权利国际公约〉》（上），毕小青、孙世彦等译，三联书店2003年版，第287页。

护来实现。“自由主义者认为，保护这个领域是可取的，因为它本身是一项终极价值，是可以用来评价其他价值的价值，也是实现其他价值的手段。”[①] 而之所以诉求回归“隐”，是因为可以回归“隐”，当隐私权的保护主张可以在其物质外壳的保护中实现时，隐私权作为独立权利的诉求并不强烈。但是，这种以“隐”为核心的隐私权保护主张很快在现代信息技术和政府权力扩张的背景下受到挑战。

隐私权保护的出现，是人类自主性权利平等保护发展的结果，但受制于人类交往和通信技术的发展。随着信息化带来的通信技术的变化，在信息化的载体下，隐私权保护的主张快速发展与变化。相较于隐私权保护主张出现所经历的漫长年代，在仅仅半个世纪的较短时期内隐私权的权利保护内容就有了快速的发展。

（二）以“私”为核心的个人隐私权

从 20 世纪 50 年代开始，计算机技术和信息技术相结合，产生了计算机网络，网络的发展改变了人们的生活方式、交往方式，也改变了隐私权保护的观念和内容。同时，现代社会公共领域与私人领域的界限开始受到冲击，国家权力扩张直至公民生活的最秘密部分。因此，以“隐”为核心的个人隐私权发展成为以“私”为核心的个人隐私权。

信息技术的出现和发展以及福利国家政府权力的扩张，把隐私从“隐”中彻底暴露出来。第二次世界大战之后，国家将根除社会动乱、经济危机等自由资本主义的各种弊端作为己任，其权力开始深入到社会生活

①〔英〕史蒂文·卢克斯著：《个人主义》，阎克文译，江苏人民出版社 2001 年版，第 61 页。

的各个领域，政府为了造就福利国家，开始对公民的私人生活加以管理和干涉。因而在公民的个人私生活领域，随时可能面临来自政府公权力的干预或侵害。信息技术的出现和迅猛发展，不仅使人们的私人生活更有可能展现在社会公众面前，而且极大地增强了政府处理私人信息的能力。1949 年英国小说家奥威尔（George Orwell）出版了著名的政治幻想小说《一九八四》，在这部小说中他对集权政治进行了讽刺，没想到却不经意间预见了当代社会的现实状况。

在现代科技飞速发展的信息社会里，面对国家公权力的扩张，人们被迫交出隐私。在这种状况下，人们开始认识到必须重新思考隐私权利的保护模式。美国学者弗里德曼提出了"选择的共和国"，试图给出现代社会个人隐私权保护的出路。"当代法律上的隐私远远超出了对个人空间的基本需求，它超越了保持某人私生活秘密的权利。实际上，在某种重要意义上，为获得这种形式的隐私进行的斗争已经失败了。现代技术注定了这种形式的隐私必将消失。只要愿意，政府就可以在任何地方一字不漏地听到一个针头掉地所发出的声音"，"从根本上说，这场斗争并不是一场关于收集信息本身的斗争，而是一场关于如何防止信息的使用对某人构成损害的斗争。计算机时代的人们认为一切都是可以记录的，或至少是已经屈从于这种无奈的事实局面了"。"因此，隐私与其说是保持秘密的权利，不如说是按照一个人喜欢的方式进行生活的权利——即从事'私人的'行为而不受干涉。"[①] 除了上述理论，有关隐私权的法益探讨形成了多元纷争的局

①〔美〕弗里德曼著:《选择的共和国——法律、权威与文化》，高鸿钧等译，清华大学出版社 2005 年版，第 212—216 页。

面[①]。但是不容置疑的事实是，与最初的隐私权保护相比，信息时代隐私的核心内容不再是消极的“隐”，而转到了以“私”为核心的积极的“隐”。

美国20世纪60年代民权运动追求的是个人的自主性自由，隐私权保护的内容也随之发生变化。1965年格里斯伍德诉康涅狄格州案后，美国联邦最高法院在若干重要判决释述隐私权的概念，在生育自主、家庭自主、个人自主及信息隐私四类案件中确立了隐私权保护[②]，个人自主性决定成为隐私权保护的核心内容。信息社会隐私权的保护以个人隐私自决权为基准，这是适应信息社会个人隐私保护的必然结果。隐私主体许可、隐私收集者告知和隐私主体参与是信息社会隐私权保护的基本原则。正如有学者研究指出，信息社会隐私的关切重心是以“个人”和其“个人隐私”的紧密结合关系，在社会生活里究竟应该扮演何种角色以及应该受到何种程度的尊重与保护为探讨主轴。保护个人隐私的理由，基本上乃是要透过隐私权保障的赋予，维护个人自主性（personal autonomy）以及个人的身份认同（personal identity），达到维护个人基本尊严（personal dignity）的目的。[③]这些与隐私处理相连的个人隐私保护原则，已经通过各国的立法和司法实践得到了践行。

信息社会之前隐私权主张中，“隐”是“私”的保护伞，在“隐”中实现“私”。进入信息社会，隐私权在几乎无法“隐”的情况下，首先主

① 参见张莉著:《论隐私权的法律保护》，中国法制出版社2007年版，第1—10页。该论著介绍了五种隐私权理论：独处权理论，信息控制理论，人格理论，亲密关系理论，限制接触理论。

② 王泽鉴:“人格权的具体化及其保护范围·隐私权篇（上）”，《比较法研究》2008年第6期。

③ 参见刘静怡:“网络社会的信息隐私权保护架构”，http://article.chinalawinfo.com/article_print.asp?articleid=1262，最后访问时间2015年8月16日。

张尊重和保护“私”，即个人有权自主决定“私”，掌控“私”，决定是否回归“隐”，现代隐私观念的内容充分体现公民对自己私人事务的自主决定权。在个人没有明确表示的情况下，所有对于个人隐私利用的机关和单位，必须尊重“私”，继而实现“隐”，这是信息社会隐私权法律保护最重要的变化，彰显了个人在无法脱离社会公共生活时维护个体独立地位的必要性。即从个体独立性角度出发，个人自主决定个人隐私；从社会集体生活的角度出发，交出隐私时能够控制隐私并要求隐私不受侵犯。所以，“隐私，非但是公民‘不受他人和公共权力干扰的权利’（right to be let alone），而且是维系整个自由资本主义多元价值体制，使之不至于冲突过甚而陷于崩溃的根本条件，是宪法上包括言论自由在内‘一切自由的开端’”[①]。从个人自公共事务中退隐至私人领地发展到个体在参与社会生活中自主决定私人事务，私人性面对公共生活可进可退，这是一种人性认识上的进步，也是社会发展的必然结果。

二、个人隐私权的含义和客体内容

（一）个人隐私权的含义

对于隐私权的含义，一直存在分歧与争议，迄今为止，尚未发现一个获大多数人认可的隐私权概念。结合以上分析，我们认为隐私权作为一项具有独立意义的权利，是 18 世纪末到 19 世纪中叶在资产阶级社会中发展起来的。隐私权体现了自由主义的自由观念的核心，即“人是自主的主体，他或她对自己及其不对他人构成干预的一切行动具有绝对的主权”。

① 美国联邦最高法院道格拉斯大法官语，Public Utilities Comm’n v. Pollak, 343 U.S. 451, 467（1952）.

“和保护生命、身体和精神完整性以及法律人格的权利一道，隐私保障了对人的个体性存在的尊重。任何人都不仅有权以物质、精神和法律的形式存在，而且还有权利得到对其特殊的、个人的本性、外形、名誉和声誉的尊重。”[①] 但隐私权的价值已经超出了笼统意义的“自由权”的价值,“当隐私权与其他权利或一般利益发生冲突时，主张隐私权比仅仅主张个人自由或者免于政府干涉的权利被保护的可能性更大”。[②] 个体对和他人、公共利益无涉的私人事务、私人信息的掌控、支配、决定依然是隐私权的核心内容。

但现代意义的隐私并非孤独，个人不可能生活在真空中。隐私是一切爱、信任、友谊等关系的基础。一个随时被监控、不被信赖的人，也无法知道什么是信赖他人。隐私的重要在于它是人与人发展正面关系的基础，而且公民的隐私权利往往与公共利益交涉在一起。仅仅从个人主义的角度考察隐私权是不可取的，隐私规范的形成，在于合理与否的思考，应该在社会中人与人交往之际逐渐调整，应该寻找公共领域中政府与公民私人之间隐私保障的界限在哪里。因此不能简单地给出隐私权的概念，我们应当从个人隐私权的具体内容中理解隐私权的含义，并寻找个人隐私法益与公共利益的边界。

①〔奥〕曼弗雷德·诺瓦克著:《民权公约评注：联合国〈公民权利和政治权利国际公约〉》(上)，毕小青、孙世彦等译，三联书店 2003 年版，第 286 页。

② Judith DeCew, *Defending the“ Private” in Constitutional Privacy*, 21The Journal of Value Inquiry183, (1978).

（二）传统隐私权的客体内容

《世界人权宣言》第 12 条[①]将“个人私生活、家庭、住宅、通信”并列为隐私权保护的客体。这一规定也在《公民权利和政治权利国际公约》、《欧洲人权公约》和《美洲人权公约》等国际公约和区域公约中有所体现。

1. 住宅

住宅是个人最重要的隐私聚集地，西方国家一向尊重个人住宅权。许多国家宪法早有规定政府不能随意侵犯公民的住宅，但各国法律最初规定保护公民住宅更多地体现为对住宅财产权的保护。如美国宪法第四修正案所保护的领域中包括公民的住宅，无正当理由和合法程序不得随意进入公民的住宅。随着各国对隐私权保护的重视，住宅隐私权成为隐私权保护的最重要内容。住宅不再仅仅是公民的私有财产，更重要的是个人可以不受拘束地独处的物理空间，是个人精神生活的城堡，是实现个人自治的庄园。所以，仅从财产权角度保护个人住宅不足以达至隐私权保护的需要，人们对住宅的期盼不仅是“挡风遮雨”的住处，而要求其具有五感：归宿感、亲密感、私密感、安稳感和自在感。[②]因此，保障个人住宅不受政府任意介入，几乎成为隐私权保护的首要任务。

随着科学技术水平的不断提高，公权力侵入他人住宅的方式，从早期的物理性侵入和搜查，演变成无需任何物理上可见的方式进入他人住宅。许多只在谍战片中才出现的刺探、窥视用品被人们利用，若想探知

①《世界人权宣言》第 12 条规定：“任何人的私生活、家庭、住宅和通信不得任意干涉，他的荣誉和名誉不得加以攻击。人人有权享受法律保护，以免受这种干涉或攻击。”

② 参见赵鑫珊著：《建筑是首哲学诗——对世界建筑艺术的哲学思考》，百花文艺出版社 1998 年版，第 108 页。

他人家中情形，完全不需要进入他人住宅。因此，判断是否侵犯他人住宅权的传统法律标准已经不再适应现实的需要。种种藉由科技之助力而产生的新兴形态侵入，比起任何传统方法对个人住宅的侵害程度，有过之而无不及。对于保护公民隐私而言，任何以住宅内的个人生活为目标的监听、监控等行为都必须受到法律的限制和制约，如果连客厅谈话和枕边细语都可能落入他人（国家或其他私人）的监控范围，个人隐私荡然无存，家也就不能称其为家了。

2. 通讯秘密

隐私的存在并不表明个人脱离社会离群索居，在隐私领域中个人的自主性自由还包括与他人交流沟通的自由，这种自由的诉求是对个人交往的私密性的保护。与他人交流与沟通的自由在近代宪法中体现为对通信秘密的保护。在通信主要是书写信件的年代，和近代宪法保护住宅一样，通信秘密的法律保护通过财产权实现，即不得随意扣留、私拆他人信件。现代通信技术的发展，导致通信手段的多样化，包括了所有的远距离通讯方式，如电话、电报、电传，以及其他的机械或电子通讯方式。由此，传统的通信秘密的保护主张已经不足以抵挡这种变化，和个人信息保护相结合，通信秘密在现代社会更多强调了信息交流自由，即个人在信息交流中的自主决定性和自我控制性自由，通过对个人信息的控制来实现交流中的隐私保护。

因此，法律所保护的通讯自由，是公民可以不受干扰地与他人沟通，不必暴露其通讯对象，也不需要泄露与他人通讯内容的自由。保障公民的通讯自由，使得公民可以自由自在地在其私人可控制或可预期的领域内传达信息或表达情感，免予他人甚至公权力的侵扰。

3. 个人私生活

"个人私生活"在《世界人权宣言》中对应的英文单词是"privacy"，也有人直接把其译为"隐私"[①]。考虑到"隐私"作为"隐私权"保护的客体容易造成其囊括隐私权所有客体内容的误解，况且从《世界人权宣言》规定的内容看，这里的"隐私"指的是与家庭生活对应的个人私生活，故1950年《欧洲人权公约》第8条就直接使用"his private and family life"，1969年《美洲人权公约》第11条也采用了"his private life"的用语。

一般而言，个人私生活具有纯粹的私人属性，不允许外来人员或政府公权力的随意侵扰。有学者认为，个人私生活包括六个方面：个人自我认同、对人身与人格的完整保护、个人的私密性权利、个人自主、个人之间的交流沟通和性。[②]准确而言，个人私生活是指个人人格的实现及与他人接触发展而不受外在的干预。因此，个人私生活并不是一种完全远离公共生活的状态，它包含了与他人的来往，而此来往涵盖了公共领域的往来。人的社会性决定了个人私生活并不能与社会生活截然分开，尤其是在当代信息社会。而个人参与社会活动本身就是向公众表达了一种展示自我的愿望，因此在这种社会活动中公民的隐私利益要小得多，但是否公开必须尊重公民个人的真实意愿。

4. 家庭生活

家庭是社会组成的最小单位。家庭，作为"社会的天然的和基本的群

---

①〔奥〕曼弗雷德·诺瓦克著：《民权公约评注：联合国〈公民权利和政治权利国际公约〉》，毕小青、孙世彦等译，三联书店2003年版，第285页。

② 参见〔奥〕曼弗雷德·诺瓦克著：《民权公约评注：联合国〈公民权利和政治权利国际公约〉》，毕小青、孙世彦等译，三联书店2003年版，第293—297页。

体单元”，[①]是个人自我发展和人际关系的基础。家庭一直被视为个人隐私的核心领域，所以，家庭隐私和家庭生活不受打扰也成为隐私权的当然内容。《世界人权宣言》、《公民权利和政治权利国际公约》、《欧洲人权公约》和《美洲人权公约》等人权公约都有保护家庭的专门规定。

家庭通常是通过血缘关系或法定形式（婚姻、收养）建立的，但是就隐私权保护客体而言，有进一步明确界定家庭含义的必要。“最重要的是生活在一起或其他形式的紧密的、经常的关系。”[②]家庭所包含的各种关系如夫妻、父母子女关系是个人人际关系中最私密的关系。保护家庭生活隐私是个人隐私的自然延伸，有必要在隐私权客体中特别规定。从隐私权保护的角度出发，不仅家庭生活不应受到非法干预，家庭成员之间的隐私也有受保护和尊重的必要。保护单个家庭成员在其家庭生活中的隐私，以对抗非法的或任意的干预，也有特别纳入隐私权客体的必要。在《公民权利和政治权利国际公约》的履约过程中，联合国人权事务委员会到目前为止决定的有关尊重家庭的案件分别涉及入境、居住许可或驱逐外国人。可见，家庭生活作为隐私权客体内容的核心内容是指个人家庭生活的自主性。

（三）隐私权客体的发展

和隐私权内容的发展演变相一致，其客体内容也不断变化。近代宪法中的住宅不受侵犯和通信秘密是隐私权的当然内容，除此之外，隐私权的

---

①〔奥〕曼弗雷德·诺瓦克著:《民权公约评注：联合国〈公民权利和政治权利国际公约〉》，毕小青、孙世彦等译，三联书店2003年版，第298页。

②〔奥〕曼弗雷德·诺瓦克著:《民权公约评注：联合国〈公民权利和政治权利国际公约〉》，毕小青、孙世彦等译，三联书店2003年版，第298页。

客体内容还有了进一步的扩张。以个体自主性价值为取向，传统的住宅和通信秘密的保护显然已经无法满足隐私权保护的需要，在住宅和通信秘密本身内涵不断扩张的情况下，个人信息、个人网络空间载体与网络活动、私人事务的加入使得隐私权的客体内容更加丰富完满。

1. 住宅和通信秘密的扩张

随着个人隐私含义的发展，住宅应当从广义上理解，除长期居住的住处外，还应当包括临时公寓、旅馆房间、车库、晚上用于住宿的商店等。另外，在工作场所或者在公共场所的个人隐私空间也需要保护。例如，在工作场所的私人工作空间、工作场所的洗手间、更衣室等，都有隐私利益保护的需要。①

人类所生活的空间，多由人类行为目的赋予其意义。单纯的空间如果缺乏人类的行为或特定的目的，即缺乏法律上意义。一般而言，庭院、道路、广场、公园、公共场所等开放空间并不存在较高的隐私权保障。在此空间的个人行为若要求隐私保护，势必要求第三者为保护他人隐私而遮住眼睛、捂住耳朵、捏住鼻子，从而牺牲第三者在开放空间利用自然感官看、听或闻相关事物的自由。但是如果在开放空间利用一般人无法获取的工具对特定对象，长时间地无限制地监视、追踪，也侵犯他人的隐私权。②也就是说，即使是在公众场所活动，个人也需要必要的隐私空间。美国大法官曾说，美国“宪法保护的是人而不是地点。一个人有意暴露给公众（即使在他自己的家里或办公室里）的东西不属于第四修正案保护的对象。

---

① 王秀哲：“隐私权的宪法保护”，苏州大学2005年博士学位论文。

② 参见蔡达智：“开放空间中的隐私权保护”，《月旦法学杂志》2007年第6期。

但是他试图保守作为隐私的，即使在公众可以接触到的领域，也可能是宪法所保护的”。[①] 基于对人格尊严和个人自治的尊重，有必要保护公众场所中的私人隐私。因此，对于私人随身携带的物品就不能随意搜查；以秘密监听、监视为主的追诉刑事犯罪的技术侦查行为尤其需要受到法律规制。但是，与个人住宅隐私的纯粹的私人性不同，开放空间中的个人行为是暴露在公众面前的，对其隐私的保护具有一定的相对性，需要对公共利益和个人隐私利益进行权衡。

以保护个人交往的私密性为核心的通信秘密，因为通信手段的扩展，保护的范围已不限于传统的邮件交往，还包括电子邮件、个人数据交流等新型通信手段。传统的利用邮政进行的通信行为也几乎被网络信息流通所取代，局限于少数人之间的通信交流在网络上实现了实时大范围的沟通。原来通信秘密侧重于对于通信内容的私密性保护，而如今，个人自主决定要不要扩大交流和沟通的范围，想不想公开自己的私人信息和敞开自己的心扉，这种自主决定性几乎取代了单纯的维护私密性，私密性本身也演变成了个体自主决定的内容。

2. 个人信息

社科院周汉华研究员主持起草的《个人信息保护法》（专家建议稿）中对于个人信息的定义是：“‘个人信息’指个人姓名、住址、出生日期、身份证号码、医疗记录、人事记录、照片等单独或与其他信息对照可以识

①〔美〕伟恩·拉费弗等著：《刑事诉讼法》（上册），卞建林等译，中国政法大学出版社 2003 年版，第 148 页。

别特定的个人的信息。”[①] 而比较学术的定义认为：“个人信息是指那些据此能够直接或间接推断出特定个人身份而又与公共利益没有直接关系的私有信息。”[②] 我们同意该定义，“构成个人信息的实质要素是识别”[③]。也即，个人信息是指能够识别个人的与公共利益无涉的私人信息。

传统隐私强调个人生活的“隐秘”，这种“隐秘”可以通过与世隔绝、离群索居等隐于社会生活之外追求个人独处和私人生活安宁实现。按照传统的消极的隐私权的含义，如果个人选择了交出自己的信息，走出独处，个人信息就不再具有隐私的含义。显然，这种认识并不符合以数据科技作为主体而建立起来的信息社会的要求，信息赋予个人隐私更加丰富的内容。一方面，个人无法选择不交出必要的个人信息，这是信息社会的生存方式；另一方面，个人信息的收集、使用使个人私生活、人格尊严时刻面临被侵犯的危险，这种变化带来了传统隐私权含义的扩张。具体到个人信息的保护，在已经交出个人信息的情况下如何保证信息收集符合法定目的、信息不被泄露和滥用就成了积极意义上的隐私权利主张。个人信息具有的私人性特征使其本身与他人和公共利益无涉，任何的不良使用和滥用个人信息的行为都会直接侵犯个人的生活安宁和个体性存在，由此，在信息社会对于个人信息的最完整保护是把个人信息与信息本人结合，赋予信息主体对个人信息的知情利用、控制使用和支配权。这在个人信息保护的制度设计中，直接体现为个人拥有资讯自决权，

---

① 周汉华著：《中华人民共和国个人信息保护法（专家建议稿）及立法研究报告》，法律出版社2006年版，第3页。

② 刘德良：“个人信息的财产权保护”，《法学研究》2007年第3期。

③ 齐爱民：“个人信息保护法研究”，《河北法学》2008年第4期。

资讯自决权恰恰是与以“私”为核心的现代隐私权的含义相一致的。因此，个人信息应该作为隐私权的客体加以保护。从世界范围来看，个人信息作为个人隐私权的客体要素得到立法保护已经是一种世界性的共识。

3. 个人网络空间载体与个人网络活动

20 世纪后半叶以来，网络的数字化和虚拟化，使人与人之间的关系史无前例地愈来愈紧密。网络打破了国界，人们通过网络可以随意地交谈、购物，个人信息的记载和交换实现网络交流，扩大了隐私权的客体内容。以个人信息为媒介，个人网络空间载体以及个人网络活动本身也是隐私权保护的客体内容。

网络虽然具有虚拟性，但如同在真实世界一样，用户在网络中也拥有自己的领域。个人网络领域即存放个人信息的网络载体，是个人信息得以在网络上传播的前提，并在载体中为个人信息提供网络活动的私人领域。所以，个人信息载体对应个人网络空间，类似于传统隐私权保护的住宅等空间客体。个人网络空间载体包括三类：一是帮助个人连入网络世界的计算机设备及相关工具。帮助个人连入网络空间的最主要设备是计算机，通过计算机存放个人信息，个人可以进入网络世界完成个人信息的发送、传播以及在网络空间的交流和沟通。随着信息技术的发展，利用手机、ipad 等轻便的电子设备进行快捷的沟通已经成为现代人必不可少的生活方式。与此相对应，以上电子设备不仅本身就是个人信息存储的载体，还同时衍生了多种信息存储介质从而不断扩大个人信息的存储功能，以利于网络信息的快速和大容量流动，比如 U 盘、移动硬盘、电子书、mp3、mp4 等等。就网络隐私权的保护而言，个人拥有的连入网络的计算机等终端设备，除非用户本人在终端设备上设置了共享权限，允许他人访问，否则任何人都不得随意侵入用户已连入网络的终端设备。二是网络服务器。个人必须通过网络服务器才能实现与 internet 相连，并进行交流和传输数据。网络用户的电子邮件、各种形式的个人空间信息、网上言论表达等都需要通过代理服务器实现，个人在网上活动的所有数据资料都存放于网络服务器中。尽管使用电子邮件、个人主页服务的用户对服务器不享有所有权，但存放这些数据资料的空间仍然属于个人领域。他人即使没有窃取资料的意图也不得随意进入。网络服务器的代理商也不能随意侵犯个人信息，并应保证网络服务器安全，个人信息不能被他人随意侵犯。三是个人自主管理的网络空间。在网络上，如同在现实社会一样，个人很容易拥有自己的网络空间，不仅个人有网上通信交流的邮箱，有抒发自我情感、安放个人信息以及进行游戏交际等的各种空间，在微博时代，开通个人言论表达的空间也已经是非常寻常的事情。各种各样个人网络空间都是虚拟世界个人信息的载体，在网络上，这些空间归个人控制，由个人自主管理，属于网络空间中的私人领域。如同现实生活中安放个人私生活的住宅一样，没有空间主人的同意和允许，他人不能随意侵入和侵犯，即使是公权力出于公共利益的规制和管理也必须尊重个人自主决定权的行使，这是网络隐私权保护的一个很重要的特点。由此可见，网络信息社会，个人信息通过载体存在和流通，对网络隐私权的保护离不开对个人信息载体的保护，这些载体中既有看得见的有形的如计算机、U 盘等实体的存储介质，也有看不见的网络服务器和网络空间这样的载体。大数据时代，将实现云端数据处理，个人电脑储存数据的时代将被网络云端存储所替代，云端所占有的记录个人信息的虚拟空间也是网络隐私权保护的客体。个人网络空间载体作为网络隐私权的客体内容本身具有科学技术性，对其保护也离不开相应的技术开发。

在现实生活中，个人私人活动属于传统隐私权保护的当然内容。随着网络信息化的发展，人们的生活与网络的联系越来越紧密，不仅专业的信息交流和虚拟的游戏通过网络进行，而且个人生活中几乎所有方面都能够在网络上实现，比如网上购物、远程医疗会诊、远程教育、新闻浏览、网上聊天、活动召集、发表言论等，通过网络进行各种丰富多彩的活动。个人在网上的这些活动，有些是公开的，比如参与热门话题的公开讨论，有些是隐秘的，比如与他人进行通信、私聊，登录到匿名服务器进行文件下载等。无论属于哪种情况，只要是与公共利益无关的私人活动，都属于网络隐私权保护的范畴，他人不得使用各种特殊的软件进行跟踪、窥探、记录甚至分析利用，由此反映出的消费者的消费习惯、购物偏好、健康状况、活动内容、上网习惯、浏览踪迹等信息均属于个人隐私。[①]

4. 私人事务

私人事务是记载个人信息的物质载体，相对于私人活动而言，是私人信息的静态表现。具体来看，包括个人的身体、住所、行李、箱包、袋、日记本、通信等等，在外在表现上是个人信息的载体性事物，但是通过载体，个人信息得以呈现，尤其是个人的私人生活信息都包括在其中，所以，私人事务隐私，实际上指的是信息载体意义上的私人事务。[②]

随着高科技的发展，私人事务作为隐私权的客体已得到重视。以身体载体为例，传统意义上的身体权多体现为人身自由权，比如在强制措施适

---

① 参见张秀兰著:《网络隐私权保护研究》，北京图书馆出版社 2006 年版，第 55—56 页。

② 王秀哲:“隐私权的宪法保护”，苏州大学 2005 年博士学位论文。

用的过程中，通常会涉及短期的人身自由的剥夺与限制等。但如今，为了获得物证而进入一个人的身体，如血液检验、DNA 检测等，会涉及保障个人对自己隐私的控制权，以及包括健康在内的身体完整性不受侵犯的权利。最近国内学者在讨论 DNA 检测的隐私权时，即涉及个人对于自己身体的隐私控制权问题。“在许多国家的隐私权保护中贯彻着这样一个原则：每个人都有权知道自己的隐私，其中包括自己已经知道和自己不曾或不能凭借自己的能力获得的隐私，在后一种情况下，相对的知道或凭借其能力能够知道的个人或组织成为义务主体，这些义务主体有如实告知本人相关信息的义务。”[①] 欧洲人权法院在 2005 年的史托尔克案（*Storck* v. *Germany*）中，明确强调，即使是对个人身体完整的轻微伤害，只要是违背个人的意志，就是对个人隐私权的侵害。[②] 国外有些国家已经承认强制性的呼吸测试、血液检验、尿液取样、DNA 采样均属于对于个人身体隐私的侵害，同时规定，在刑事诉讼中，基于侦查案件的需要，必须对案件中涉及的犯罪嫌疑人、被害人进行身体检查时，应当遵循“法律保留原则”和“比例原则”，要有符合法律规定的正当化事由，经过法官的授权才可以实施。

综上所述，我们认为，传统隐私权的客体内容包括住宅、通讯秘密、私人生活、家庭生活四个方面。随着信息科技的发展，公民隐私权客体内

① 刘大洪：“基因技术与隐私权的保护”，《中国法学》2002 年第 6 期。

② 史托尔克女士生于 1958 年，居住于德国，她于 1974 年开始即被家人送入多家精神研究机构及病院进行治疗。直到 1994 年史托尔克女士被转送至一家医疗研究机构时，才被发现并没有罹患精神分裂症。但由于误诊，史托尔克女士长期被迫服用已经证明有副作用的药物，导致其成为完全无行动能力的残疾人。本案涉及史托尔克女士被安置于医疗机构的治疗行为是否侵权，以及由此所产生的损害赔偿请求问题。参见廖福特：“从欧洲人权法院 Storck 及 Buck 判决看其对德国法院之冲击”，《欧美研究》2011 年第 3 期。

容不断扩张，私人事务、个人信息、个人网络空间载体和网络活动也成为隐私权保护的客体内容。这些客体内容在人权文件和许多国家的宪法规范中有所体现，是具有法规范意义的隐私权客体内容。这些规定对于在立法上确立我国隐私权保护的客体内容具有一定的指导和借鉴意义。

三、国家对个人隐私权的保护义务

在信息社会，隐私权作为一种个人生活自由权，并没有脱离自由权抵御公权力的传统效力。许多国际人权公约或区域人权公约，均要求缔约国有保障该国公民隐私权的义务。这种义务既有“人人有权要求尊重其隐私”的积极保障，又有“公权力机关不得干预公民隐私权行使”的消极保护。当然，国家的积极保障义务与消极不干预义务并无本质上的区别，是一个问题的两个方面，国家积极立法保障公民的隐私权，无非是希望通过法律的保障架构出一个属于个人的不受公权力侵犯的私人领域。

（一）国家对隐私权保护的积极义务

从人权公约规定的“人人有权要求尊重其私人及家庭生活、其住所及通信 ”规范来看，这属于国家对公民隐私权的积极保护义务，即国家应在立法或司法层面采取必要措施，以保护公民的隐私权得以充分地行使。因此，许多国家在其国内法中规定有保障公民隐私权的条款。比如，我国宪法明确规定了“公民的人身自由、人格尊严、住宅、通信自由和通信秘密受法律的保护”。同时，人权公约和有些国家的法律还对侵犯公民隐私权的行为赋予其救济权利。如英国有公民认为本国政府未尽到积极保障义务，即向欧洲人权法院提出诉讼。英国公民 Powell 和 Rayner 住在英国

Heathrow国家机场附近，因长期忍受机场飞机进出起降的巨大噪音干扰，援引《欧洲人权公约》第6条第1项公平审判权、第8条家庭生活权以及第13条有效获得司法救济的权利，指控英国政府未履行《欧洲人权公约》义务保障其家庭生活权。但欧洲人权法院将公民的家庭生活法益与社会经济利益权衡后，认为英国已采取必要的措施减轻了机场设施对Powell和Rayner权益的干扰，政府未违反公约的义务。[①]

随着国家权力扩张和科技资讯发展，个人绝对不受侵扰的隐私几乎不存在。当代国家，政府从“管得最少即是最好的政府”向全能政府转变。政府为了保障公共福利，负担起对于人民生存照顾的义务，要求政府绝对退出的隐私权保护主张已经不存在；在政府为人民提供基本的生活保障时，人民有必要提供和交出自己的隐私。如今，个人从出生到死亡都要和政府打交道，政府掌控着大量的私人信息。随着网络信息技术的发展，“必须承认一个事实，私生活不复存在”，“电子监督本领通天，人类未来无隐私”。[②]而在信息社会里，个人信息的收集、处理、储存、传输和使用通过数据化方式，变得更加容易和便捷，在这种情况下，对隐私权的保护是在国家公权力干预下的相对不侵扰和不非法侵扰。隐私权的法律保护从“独处的权利”演变为个人对隐私的自我控制权，即个人不受制约地独立决定自己生活事项的权利。所以，自我控制、自主支配和自我决定是隐私权的积极权能的体现，个人必须有决定和控制权，保证个人隐私不受不符合法律目的的侵扰。

---

① 参见邓衍森：“家庭生活权中的环境因素问题——欧洲人权法院关于Powell and Rayner v. U. K.案的判决”，《月旦法学教室》2013年第7期。

② 王雅林：“因特网与隐私权保护”，《江苏社会科学》2001第5期。

只要在符合个人意愿并有可能的情况下，隐私权是个人的消极不受侵扰的对世权。但是随着社会的发展，尤其随着计算机技术与现代通讯技术的结合，使得个人信息这种隐私权新型客体被大量收集和利用，并在更广的范围内传播。在现代信息社会不受国家干预的纯粹的私人生活已经非常有限，隐私权已成为一个不能自我保护的弱势权利。迎合现代社会的实际状况，隐私权更需要国家权力的积极保障。因此，信息社会的个人隐私权的权能不能只是一种消极的不受侵扰的权利，它期待和要求政府权力积极保护。由此隐私权的积极义务要求国家采取必要的措施，如立法或其他方式以至于刑罚制裁来保护私法领域内个人隐私权的实现。

（二）国家对隐私权保护的消极义务

从隐私权保护的起源看，它最初的面貌是“一种独处的权利”，传统隐私权强调个体的“隐秘”，主张个人有独处不受侵扰的自由。之后，隐私权的相关研究逐渐扩大了隐私权的客体，其内涵也不再是单纯的“私密”，而且还关系到个人的自主性，也涉及个人如何参与群体性生活，以及在群体生活中找到自己的定位，从而实现自我。隐私权从“独处的权利”发展为自决权，即个人享有对其自身事务公开或不公开的决定权。所以，就隐私权宪法保护而言，隐私权对抗的是公权力对私人事务和私人领域的侵入，这种侵犯直接干预的是个人对于私人事务的自我决定权。在个人和政治国家二元对立的模式下，自由主义要求公权力机关不得干预个人私权利的行使，为个人留出不受公权力侵扰的私人领域，这属于国家的消极不干预的义务。信息社会个人隐私权的基本人权特质，决定了个人就拥有私人领域不受干预的消极自由意义上的隐私权，其权能属性通过宪法权利保护得以集中体现。许多国家的宪法将隐私权规定为公民的基本权利，同时规定国家不得随意侵犯与干预。

这一意义上的隐私权具有消极防御的基本权利效力，其对国家权力活动的拘束是直接而现实的，它一开始便具有防御的、主观公权的性质，即使发展到了现代社会仍然是宪法保护的必要内容。在这种消极不受侵扰和剥夺意义上，政府权力行使要尽量给个人自治留出足够的空间，能够留给个人自主处理的私人事务政府都应该留给个人处理，保持一种国家权力进入私人领地的谦抑态度。进入信息社会，虽然国家基于社会管理和公共福利的需要，大量收集、利用个人信息，但应当承担说明理由的义务，个人享有知情权、参与控制权。个人的自我控制、自我支配、自我决定的积极权能行使的终极目的是隐私不受侵扰。所以，从终极意义上来看，公法保护的隐私权是一种个人不受政府公权力侵犯的消极意义上的自由。在政府权力不断扩张的当今社会，隐私权的这种消极自由的价值没有变，变化的是当个人的私人领域几乎完全暴露在公权力面前时，传统隐私权的不受侵扰的消极权能开始包含了积极权能的行使。

当然，个人隐私权与国家公权力之间是一种个人利益与公共利益的博弈。纯粹的不受任何干预的权利是不存在的。因此，国家对隐私权的介入也留有余地，“为了国家安全、公共安全或国家的经济福利等利益，为了防止混乱或犯罪，为了保护健康、道德或为了保护他人的权利与自由”[①]，有必要干预个人隐私权的，不受法律的限制，而政府侵入个人隐私的行为

① 参见《欧洲人权公约》第8条第2项。

应该遵循正当法律程序。由此可见，现代社会的个人隐私权是一种无法脱离公共性的个体性权利，必须在权利和权力平衡中寻求隐私权公法保护的实现。

第三章 技术侦查措施与个人隐私权关系的理论解析

在刑事诉讼程序中，侦查程序常常被视为刑事诉讼的第一个实质性阶段。[①]在所有刑事司法活动中，刑事侦查是民众最为关注的活动。[②]侦查权是法律赋予侦查机关或特定人员用以查明案件事实、查获犯罪人，收集证据的特别许可。侦查行为是国家侦查权运作的实际表现，是国家为了揭露犯罪、证实犯罪、惩罚犯罪而赋予侦查机关的必要的强制手段，任何国家的刑事诉讼法或者其他刑事侦查法均有相应的规定。因此，侦查权在本质上具有一定的强制性，而且强制力越大，对嫌疑人及其相关公民的权利侵害的危险性越大。所有刑事侦查权力的行使都存在对私人权利的限制，因为犯罪行为是针对公民权利实施的，对于犯罪的侦查也必然在公民权利限制中展开。无论是为了控制嫌疑人，还是为了收集、保全证据，都可能针

---

① 陈永生著:《侦查程序原理论》，中国人民公安大学出版社 2003 年版，第 3 页。

② 在西方人的文化意识中，人类社会其实是伴随着亚当和夏娃盗窃禁果案件的侦破而诞生的。人类关于创世之初的这种意象，经过岁月的冲刷和积淀，已潜隐于现代人的意识深处，凝固成一种强烈的“侦查情结”。大家最为关注的刑事司法活动莫过于侦查，影视剧中收视率极高的警匪片、新闻报道中的犯罪侦破消息，无不昭示这一事实。参见左长卫、周长军著:《刑事诉讼的理念》，法律出版社 1999 年版，第 17 页。

对犯罪嫌疑人或其他公民的人身自由权、财产权等权益。这种“国家权力触及和侵犯私人生活的情形是由现代国家的复杂性与现代犯罪形势的复杂性所决定的”[①]。刑事侦查权是为了打击犯罪、维护公共利益和社会安定，具有一定的侵入他人私生活的正当性，个人权利因此受到一定的限制。因此，现代国家刑事诉讼活动应当划定国家公共利益与公民个人权利之间的界限，寻找社会公共利益与个人法益之间的平衡点，这一理念也构成了刑事侦查权与个人隐私权之间关系的理论依据。

个人隐私权是与人格尊严密切相关的权利，从维护人格尊严的角度看，人类社会只要重视个体的存在，就有隐私权保护的需求。但是，隐私权的保护在追诉犯罪时需要作出部分退让。特别是随着城市化、工业化进程的加快，电子信息交流增多，有计划、有预谋的新型犯罪形式增多，导致犯罪证据难以收集。在毒品犯罪、走私犯罪、腐败犯罪、欺诈犯罪、恐怖犯罪等重大复杂犯罪中，仅仅使用常规的侦查手段往往难以奏效[②]，此时技术侦查措施成为重要的侦查手段，如秘密监听、隐匿身份侦查、电子监控等。这些措施往往直接针对犯罪嫌疑人的隐私权，运用得当有利于查明案件事实、侦破案件，查获犯罪嫌疑人，运用不当极有可能侵犯个人的隐私权。因此，就技术侦查措施与隐私权的关系而言是复杂的，技术侦查措施既可以侵犯个人隐私，又不能任意侵犯。只要在法律规制的框架内，这种公权力对私权利的侵入便具有合法性。这种侵入应当限定刑事侦查行为对“任何人之隐私、家庭、住宅和通信不得加以任意或非法干预”[③]。因

① 杨开湘著:《刑事诉讼与隐私权保护的关系研究》，中国法制出版社 2006 年版，第 129 页。

② 参见熊秋红:“秘密侦查之法治化”,《中外法学》2007 年第 2 期。

③《公民权利与政治权利国际公约》第 17 条之规定。

此，厘清个人隐私权与技术侦查措施的关系，确定二者的合法性界限尤其重要。

一、技术侦查措施与个人隐私权的冲突

现代许多国家将隐私权规定为公民的宪法基本权利[①]，许多国际性和区域性的人权公约也将隐私权确认为公民的一项基本人权[②]。我国宪法和刑事诉讼法虽然没有明确保护公民隐私权的规定，但采用了通过隐私权客体内容间接保护隐私权的立法模式，承认隐私权为公民的基本权利。《宪法》第 38 条、第 39 条和第 40 条的规定是保护公民隐私权的宪法依据[③]，当然宪法条文内容是通过对隐私权客体的规定来实现对隐私权的保护，必须通过扩大解释才能有效适用于以现代技术为基础的技术侦查措施。而且，随着我国法治化进程的推进，许多新修改和制定的法律规定了隐私权的保护。据不完全统计，我国《侵权责任法》、《治安管理处罚法》、《反洗钱法》、《精神卫生法》、《执业医师法》等 22 部制定和修订的法律将“隐私”保护规定下来。另有 12 部行政法规、司法解释包含有保护“隐私”、“隐私权”

① 美国、加拿大、德国、法国、日本等国家通过宪法判例对其宪法进行解释，从中发现隐私权。随着隐私权观念的普遍传播，20 世纪后期，不少国家在宪法中对隐私权予以明确的规定，例如荷兰、瑞士、比利时、土耳其、葡萄牙、西班牙、俄罗斯、南非等国宪法均明确规定了隐私权。

②《世界人权宣言》、《公民权利与政治权利国际公约》、《联合国有关移民工人的公约》、《联合国儿童保护公约》、《欧洲人权公约》、《美洲人权公约》等法律文件均对保障公民隐私权予以规定。

③ 我国《宪法》第 38 条规定：“中华人民共和国公民的人格尊严不受侵犯。禁止用任何方法对公民进行侮辱、诽谤和诬告陷害。”第 39 条规定：“中华人民共和国公民的住宅不受侵犯。禁止非法搜查或者非法侵入公民的住宅。”第 40 条规定：“中华人民共和国公民的通信自由和通信秘密受法律的保护。除因国家安全或者追查刑事犯罪的需要，由公安机关或者检察机关依照法律规定的程序对通信进行检查外，任何组织或者个人不得以任何理由侵犯公民的通信自由和通信秘密。”

内容的规定。可以看出，随着我国个人权利保护意识的不断提高，如今隐私权已经是大众普遍认同的基本人权了。结合第一章对技术侦查措施的归纳以及第二章对公民宪法隐私权客体内容的分析，我们认为技术侦查措施一旦滥用，可能与公民隐私权发生冲突。

（一）与住宅及私人活动隐私权之冲突

由于个人之间彼此是独立的，所以各自享有一定的活动空间、生活形态。隐私权是个人对其私人生活领域享有的自主控制权，个人有权自主地形成其生活形态。隐私权所赋予个人的是维持个体差异和抗拒公共权力或他人支配的权利，其最大的特点便是私密性。

在传统的侦查行为中，由于对于住宅和私人生活等隐私权的侵犯是公开和具体的，法律对隐私权客体的保护通常规定有形物理性侵入的禁止，这种规定显然还停留在以“物理强制力”作为划分强制和任意侦查措施标准的时代。以搜查为例，我国《刑事诉讼法》第 134 条[①] 对搜查作为侦查行为作出了规定，为了查明犯罪的需要，侦查人员可以强行进入相对人的住宅进行搜查。但搜查的必要性并不能取代搜查的合法性，因为搜查直接侵犯公民的住宅、人身、财产、隐私等权利，所以被设置了较为严格的程序规范。一旦违反规范，由于其公开性，公民可以有针对性地提出异议，寻求救济。

相对于传统的侦查手段，技术侦查措施一般是由侦查机关在侦查对象

① 我国《刑事诉讼法》第 134 条规定：“为了收集犯罪证据、查获犯罪人，侦查人员可以对犯罪嫌疑人以及可能隐藏罪犯或者犯罪证据的人的身体、物品、住处和其他有关的地方进行搜查。”

不知晓的情况下主动实施的。比如高空监视、拍照、秘密监听、红外线探测等技术侦查手段的使用，无须进入私人住宅，即可探知住宅中的情形，侵入了相对人的私人权利领域。侦查人员在采取这些技术侦查措施对犯罪嫌疑人进行调查时，往往无须取得对方的同意，对方完全处于不知情的状况，这使得侦查机关能够高效地获得有关线索查获犯罪嫌疑人或有关证据。这种对私人权利领域的侵入不同于普通的侵扰行为，相对人完全不知情，因此把最隐秘的私人生活毫无保留地完全公开在侦查人员面前。“技术侦察使得警察可以获得有关犯罪的关键信息而没有被发现的危险，更重要的是，该技术使警察可以‘知道全部、看见全部、控制全部’”①，由此相对人的私人生活完全透明。一旦侦查权滥用便会对个人隐私权造成严重威胁，而此时公民还并不知晓自己的住宅被侵入，自己的私生活被窥视，无法寻求救济。

随着隐私权客体的不断扩展，现代隐私权预期下的住宅已扩展到一些公共场所的私密空间，如宾馆和工作的休息间等。即使是在公众场所活动，个人也需要必要的隐私空间，也有合理隐私期待。与个人住宅隐私的纯粹的私人性不同，由于是暴露在公众面前，公众场所的个人空间隐私的保护具有一定的相对性，如果侦查人员利用技术手段通过窗户往里面窥视，或者利用建筑物的外墙安装窃听和监控设施，属于对公民隐私权的侵犯。但是如果一眼能够望见的地方，公民不应有隐私权期待。以秘密监听、监视为主的追诉刑事犯罪的技术侦查行为由于对私人生活侵入的秘密

---

① Elizabeth Gillingham Daily, *Beyond "Persons, Houses, and Effects" :Rewrite the Fourth Amendment for National Security Surveillance,*10 Lewis&Clark L. Rev. 641, 644,（2006）. 转引自熊秋红：“秘密侦查之法治化”，《中外法学》2007 年第 2 期。

性，尤其需要受到法律规制。因此，行使技术侦查措施时强调对个人住宅隐私权的保护乃是刑事诉讼程序正当化的要求。

（二）与邮电、通讯秘密权之冲突

通讯是人们进行思想交流的方式，传统的通讯方式主要是电报、信件，这是除口语以外最早期的通讯方式。美国早在1825年即制定了《邮政法》，禁止窥视邮件；1878年联邦最高法院的判例确立了政府不能在没有令状的情况下打开邮件的宪法原则。在近代宪法规范内容中，对邮电、通信权的保护，是针对有形的电报、信件等物质载体进行的，主要规定对于传送中的邮件，不能随意打开或检查。由于私有财产权利的神圣不可侵犯，隐私权的保护在财产权的保护中实现，借助于物质载体的财产权属性，以精神性权益为特征的隐私权保护并无明显体现。况且，在当时人际关系简单的社会中，隐私权保护也没有迫切的需要。

由于科学技术的迅猛发展，尤其进入网络时代，通讯工具发生了天翻地覆的变化，如今的通讯方式扩展到电话、短信、传真、电子邮件、行动影音等电子通讯手段。我国台湾地区“通讯保障与监察法”第3条第1项以列举的方式规定了通讯的内容：“本法所称通讯如下：一、利用电信设备发送、储存、传输或接收符号、文字、影像、声音或其他信息之有线及无线电信。二、邮件及书信。三、言论及谈话。”① 与此同时，侦查机关也会利用高科技或非传统侦查手段收集与通讯有关的证据。比如警察可以利用极精密的光学仪器，在远处对犯罪嫌疑人的信件拍照，放大数百倍后得知

① 刘秉均：“通讯监察法制之研究”，台湾铭传大学2006年硕士学位论文。

信件的内容。警察也可以用尖端的监听仪器，窃听到犯罪嫌疑人的犯罪计划。我国台湾地区“通讯保障与监察法”第 13 条第 1 项规定：“通讯监察以截收、监听、录音、录影、摄影、开拆、检查、影印或其他类似之必要方法为之。但不得于私人住宅装置窃听器、录影设备或其他监察器材。”① 根据台湾地区相关规定，除不得在私人住宅内实施，几乎所有的通讯形态，在符合一定条件下，均可以予以监察。这些技术侦查措施如果不加以法律规制，必然会侵犯公民的隐私权。

美国作为强调保障公民隐私权的国家，对电话等通讯监听和电子监控的法律制约也经历了一个发展的过程。美国最初对通讯的保护，采用“物理侵入”理论。比如在 1928 年的奥姆斯特德案（*Olmstead* v. *United States*）中，联邦最高法院认为，警察在被告房子外的电话线上安装窃听器，没有入侵被告的住宅，即没有物理上的侵入，虽然没有取得合法令状也不构成侵权。之后，在 1961 年的西尔弗曼案（*Silverman* v. *United States*）中确立了对电子通讯的保护。联邦最高法院的法官一致认为，将窃听装置钉入墙壁，构成物理侵入系违法。而在 1967 年的卡茨（*Katz* v. *United States*）案中，最终确立了“合理隐私期待”理论。联邦法院认为，在被告使用的公共电话亭外安装监听装置，已侵犯被告在使用电话亭时相信理应所享有的个人隐私。② 借助技术手段对私人秘密通讯可以进行无声无息的监控，侵犯的不再是物质载体的财产权而是明确的通讯秘密隐私。传统的有形侵入的财产权主张就无法满足相对人权利保护的需要，于是隐私权

---

① 刘秉均：“通讯监察法制之研究”，台湾铭传大学 2006 年硕士学位论文。

② 参见〔美〕伟恩·拉费弗等著：《刑事诉讼法》（上册），卞建林等译，中国政法大学出版社 2003 年版，第 285—288 页。

以一种独立的权利姿态进入基本权利谱系，隐私权保护具有了独立存在的意义。

（三）与信息自主权之冲突

各国对侦查的控制通常规定侦查秘密原则。这一原则的规定，一方面是为了保证侦查的顺利进行，防止嫌疑人逃跑、毁灭证据、串供等；另一方面也是为了保护嫌疑人的隐私。在侦查阶段，嫌疑人仅仅是被怀疑实施犯罪行为的人，是否确有犯罪行为，尚不可知。如果公开侦查所获取的个人信息，可能侵犯嫌疑人的基本人权。如台湾地区“刑事诉讼法”第245条第3项规定：“检察官、检察事务官、司法警察官、司法警察、辩护人、告诉代理人或其他于侦查程序依法执行职务之人员，除依法令或为维护公共利益或保护合法权益有必要者外，不得公开揭露侦查中因执行职务知悉之事项。”① 我国《刑事诉讼法》也规定，侦查机关及侦查人员负有信息使用限制义务，这种义务包含了保密、销毁、合理使用收集到的侦查信息等诸方面的义务。由此可见，对于因侦查所获得的个人信息原则上不得泄露，只有必要时方可公开。而“依法令或为维护公共利益或保护合法权益”必须从严认定，应根据个案的具体情况进行判断。

以往有关公民个人信息的理论探讨与司法实践大多把个人信息圈定在私人识别信息的范围，具体包括个人基本情况、肖像、声音、过去经历（尤其犯罪记录）、医疗记录、财务资料、一般人事资料等个人识别信息。

---

① 林俊益著:《刑事诉讼法概论（下）》，台湾新学林出版有限责任公司2009年版，第60页。

传统信息以语言、文字为主要储存方式，以印刷技术为主要传播载体。现代信息技术的变革突出地表现在信息收集、储存及传播形式的转变。信息的范围也大大扩展，从静态的识别信息扩展到动态的活动信息。由于科技以及网络的发展，个人或者物品所处的位置很容易通过定位系统查明。技术侦查措施尤其是控制下交付手段的使用，比如在汽车、物品和相关人员的身上安装电子追踪设备，将犯罪嫌疑人或者相关物品的行踪通过技术手段加以监控。这些人或物品的移动能够通过接收定期发射的信号进行追踪。通常情形，公民在特定时间的特定位置并不具有私隐性或者权益性，“但是，当公民从事某些活动不希望被他人知悉时，因其所处具体方位与所从事的活动之间具有直接联系，一旦被他人获悉，其所从事的活动也就相当程度被暴露，损害其利益，故其所处的具体位置就具有明显的隐私性和权益性”[①]。通过定位追踪等高科技手段收集个人信息的方法可能侵害公民的隐私，所以域外国家和地区一般要求使用这种方法必须要有“合理根据”，并向法院申请令状。

二、技术侦查措施与个人隐私权保护的平衡

当国家面对重大犯罪的侵害时，必然要采用有效的手段制裁犯罪，维护国家和社会利益。技术侦查措施是一种行使公权力的行为，是基于诉讼实体目的的实现而由权力机关采取的具有法律效力的侦查行为。技术侦查措施合法化的理由在于依靠国家权力维护社会公共利益，而此时个人的隐私权就成为一种奢侈的权利。技术侦查措施的私权侵入性，使其成为一种更

---

① 罗灿、李永京、徐辉：“手机定位属于刑法所保护的公民个人信息”，《刑事审判参考》2011 年第 6 期。

危险的剥夺公民权利的行为，其对隐私权的侵害最为严重，这种侵害对案件当事人人格尊严和内心深处的隐私造成较深程度的侵害，相比之常规侦查手段对于财产权、人身自由权等基本人权的侵害，更为隐蔽且因其无物理侵害还无法进行量化，其危害程度更深、范围更广。因此作为行使国家权力的重要方式之一的技术侦查措施必然要在维护社会秩序与保护公民的合法权益之间予以选择，对于技术侦查措施的法律规制也必须在控制犯罪与保护个人隐私权的平衡中实现。

技术侦查措施的诉讼行为属性决定了对犯罪嫌疑人采用技术侦查措施时必须遵循法定的条件和程序，并通过正当的程序保障有效避免和减少技术侦查对隐私权的侵犯。这种对侵犯个人隐私权的侦查行为进行的有效规制，是公权力对隐私权的“不侵犯意义上”的消极保护，是个人隐私权消极权能的实现。

（一）技术侦查措施与隐私权的法益衡量

无论在立法层面还是在司法层面，强制侦查都应受到法律制约，其适用时要进行相应的利益权衡，对隐私权保护的具体实现是个案中法益衡量的结果。针对不同的公权力个案，隐私权的宪法保护有不同的利益考量。考察隐私权与技术侦查的对抗，一方表现为公民对自己隐私权的合理期待利益，一方表现为技术侦查所具有的追诉惩罚犯罪维护的社会公共利益，当两种法益发生冲突时，应当如何权衡取舍。

国家适用技术侦查措施旨在查明犯罪事实、查获犯罪嫌疑人、收集证据，实现打击犯罪和保护社会秩序。而作为具有社会危害性的犯罪行为，由于其社会危害轻重程度不同，对法益侵犯的程度也有所不同。以犯罪行为对社会的危害程度为标准，可以把犯罪分为严重犯罪和一般犯罪，据此可以对适用技术侦查措施打击犯罪的法益作出量化处理。而根据隐私权保护的客体与实现人格尊严核心价值的紧密程度不同，可以将个人隐私划分为敏感个人隐私和非敏感个人隐私。[①] 通常惩罚严重犯罪比惩罚一般犯罪有更高的利益，而保护敏感个人隐私比保护一般个人隐私有更高的利益，技术侦查措施惩治犯罪的公共利益与个人隐私权的私人利益之间有着不同的比例关系。按照上述简单分类，保护社会公共利益与保护个人隐私权两种法益的竞争关系可以具体表述为：

1. 敏感个人隐私＞一般犯罪

2. 敏感个人隐私≥严重犯罪

3. 一般个人隐私≥一般犯罪

4. 一般个人隐私＜严重犯罪 [②]

当一方利益明显优于另一方时，可以直接采用法益优先保护的原则。但是，依据罪刑法定和疑罪从无原则，在基本权利与刑事追诉权力的对抗中，基本权利具有地位上的优先性，当两种法益力量均等时，可以优先考虑隐私权利益保护。因此，只有重罪的侦查才有优于个人隐私权利的法益，也即只有重罪才需要采用非常规的高科技的技术侦查手段。在一般犯罪的情况下，侵犯个人隐私的技术侦查手段没有存在的合理性。同时，就个人隐私而言，即使与侦查严重犯罪的法益相衡量，敏感个人隐私的保护

---

① 欧盟 1995 年的《保护个人享有的与个人数据处理有关的权利以及个人数据自由流动的指令》第 8 条规定："成员国应当禁止泄漏种族背景、政治观点、宗教或哲学信仰、工会成员资格以及有关健康或性生活的个人数据处理。"这些信息构成公民的敏感隐私。

② 参见胡忠惠："秘密监听与个人宪法隐私权保护的平衡"，《青海社会科学》2011 年第 9 期。

法益也并不处于弱势，两种法益至多可以平等对待，也即敏感个人隐私由于直接指向个人自我存在的人格尊严，一旦被侵犯和剥夺则个人便丧失人之尊严，所以，通常情况下不能被侵入和剥夺。上述公式 2 和 3 对应的是两种法益势均力敌的情况，之所以用“≥”符号，表明当技术侦查所保护的社会公共利益与隐私权益势均力敌时，个人隐私的利益保护要优先于犯罪查处的利益，这是体现刑法人权保护价值的一种利益衡量方法。当然，具体个案中，有时也存在对于两者利益衡量的具体判断，不排除在均衡情况下的酌情取舍。以上的法益衡量也表明，为了隐私权益保护，技术侦查行为必须接受法律规制。

（二）法益衡量的实现——重罪原则

法益衡量为技术侦查措施的法律规制与隐私权保护的衡量从理论上提供了具体方法。由于技术侦查对于个人隐私权的侵害性，通过立法明确将其规定为应予保护的法益是各国通行的做法。其中，重罪原则已经直接为各国的立法规制所吸收。重罪原则是指技术侦查措施只适用于那些严重危害社会的犯罪。由于技术侦查措施具有易侵权性，为了防止对公民权利造成不应有的损害，因而只能适用于重罪。从各国的立法来看，在适用重罪原则的标准上，主要有三种模式。

第一，列举罪名的方式，这种模式将重罪一一列举出来。如《德国刑事诉讼法》第 100a 条和 100b 条即采用这种立法模式，规定电话监听只适用于反和平罪、叛逆罪、叛国罪等有关危害国家安全的犯罪，以及伪造货币、贩卖人口、杀人、敲诈、贩毒和危害公共安全的犯罪。①同时，该法第110条也通过列举的方式规定秘密侦查仅适用于麻醉物品、武器非法交易等重大犯罪。②日本《监听通讯法》规定，监听手段只适用于药物犯罪、涉枪犯罪、有关集团偷渡的犯罪和有组织的杀人犯罪。③列举模式符合法定原则，但可能存在不能将所有重罪完全囊括的弊端。

第二，以刑期为标准的方式，这种模式以相对确定的刑期作为划分重罪与轻罪的标准。如《法国刑事诉讼法典》第100条规定通讯监听适用于应当判处2年或2年以上监禁刑之犯罪。④香港特别行政区《截取通讯及监察条例》第3条规定："截取通讯只能针对法定最低刑为7年以上监禁的罪行实施，秘密监察只能针对法定最低刑为3年以上监禁或者罚款不少于100万港元的罪行实施。"⑤

第三，罪名与罪行结合的方式，如美国有些州法律规定，"当窃听可能获得以下犯罪的证据，如谋杀、绑架、赌博、抢劫、贿赂、勒索，或者

---

①《德国刑事诉讼法》第100a条和100b条规定："对电话通讯之监听及录音在符合下列要件时，得采行之：重大犯罪如反和平罪、叛逆罪、叛国罪等有关危害国家安全的犯罪，以及伪造货币、贩卖人口、杀人、敲诈、贩毒和危害公共安全的犯罪。"参见〔德〕克劳思·罗科信著：《刑事诉讼法》，吴丽琪译，法律出版社2003年版，第334页。

②《德国刑事诉讼法》第110条规定："在麻醉物品、武器非法交易以及伪造货币、有价证券领域内和在涉及国家安全（《法院组织法》第74条a第120条）领域内及有组织性或者常业性地或者由团伙成员或者其他方式有组织地、实施了重大犯罪的时候，允许派遣秘密侦查员侦查犯罪行为。"参见《德国刑事诉讼法典》，李昌珂译，中国政法大学出版社1995年版，第31—33页。

③ 参见兰跃军："比较法视野中的技术侦查措施"，《中国刑事法杂志》2013年第1期。

④《法国刑事诉讼法典》第100条规定："重罪与轻罪案件，如当处之刑罚为2年或2年以上监禁刑，在侦查有此需要时，预审法官可以命令截留、录制和抄录经电讯渠道发送的通信。"参见《法国刑事诉讼法典》，罗结诊译，中国法制出版社2006年版，第104页。

⑤ 兰跃军："比较法视野中的技术侦查措施"，《中国刑事法杂志》2013年第1期。

进行麻醉剂、大麻及其他危险性毒品交易，或者其他对人的生命、肢体、财产有危险并判处1年以上监禁的犯罪”时，可以适用。[①]《澳门刑事诉讼法典》第172条和第175条规定，技术侦查措施只适用于可能判处3年以上有期徒刑的犯罪、贩卖麻醉品的犯罪、禁用武器、爆炸装置或材料又或相类装置或材料的犯罪、走私罪、通过电话实施的侮辱罪、恐吓罪、胁迫罪及侵入私人生活罪，但禁止对嫌犯与其辩护人之间的谈话或通讯进行截听及录音，除非法官有理由相信该等谈话及通讯为犯罪对象或犯罪元素。[②]

无论这些国家或地区采用何种立法模式，但都确立了适用技术侦查措施较高的门槛，只有为了查明重要的案件事实方可适用技术侦查措施。

三、技术侦查措施的正当化依据

为了保障公民的隐私权，防止技术侦查措施的不当侵害，各国立法均确立了一定的原则以实现刑事诉讼惩罚犯罪和保障人权两大价值目标的协调统一。由于技术侦查措施对于个人隐私具有侵入性，法律规定的原则主要侧重于对技术侦查进行限制和约束，严格设定技术侦查的适用条件，对技术侦查的程序与实质条件作出明确规定。这些明确规定，是侦查机关在具体的侦查活动中适用技术侦查措施的正当化、合法化依据。

（一）技术侦查措施的适用条件——必要性原则

必要性原则，也称最小干预原则，它要求国家机关为实现特定公法上

① 参见〔美〕伟恩·拉费弗等著：《刑事诉讼法》（上册），卞建林等译，中国政法大学出版社2003年版，第289页。

② 兰跃军：“比较法视野中的技术侦查措施”，《中国刑事法杂志》2013年第1期。

的目的，必须对公民实施侦查措施时，应当选择对公民权利干预最少的措施。为了防止技术侦查行为超越必要的限度，保障公民的基本权利不受侵犯，侦查机关只有在采用其他手段无法实现侦查目的，确有必要时才能适用技术侦查措施，也就是说，如果侦查机关能够使用其他侦查手段有效查明案件事实，查获犯罪嫌疑人，就没有必要适用技术侦查措施。

如美国1968年《综合犯罪控制与街道安全法》规定："法官只有依据提交的事实，有理由根据相信某人正在实行、已经实行或将要实行法定犯罪，或者有理由相信通过窃听可以获得关于该犯罪的特定谈话内容，或者运用常规性侦查措施已经失败，有理由显示不可能成功或者过于危险，或者有理由根据相信被窃听的电话或口头通讯所使用的通讯器材和被窃听处所正在或将要被用于实施犯罪，或者通常为该人使用或以该人的名字租借时，才能签发令状。"①《德国刑事诉讼法》第100条b规定，对通讯的监听措施原则上是辅助性的，唯当对事实的调查或对被告的住所无法以其他方式查出或极难查出时，方能行此措施。《德国刑事诉讼法》第110条a规定，只有在案情特别重大且采用其他侦查方式成效渺茫或者十分困难的情况下，才准许派遣秘密侦查员。②《意大利刑事诉讼法典》第267条第1项规定："实行窃听必须存在重大犯罪嫌疑并且为进行侦查工作必需。"③在日本司法实务中，只有侦查比较困难的无被害人犯罪中，允许使用诱惑侦查。并且使用诱惑侦查的犯罪不包括杀人、伤害等侵犯人身安全的犯罪，也不能是可能被政治利用的犯罪。日本《毒品特例法》第11条允许在毒

---

①〔美〕伟恩·拉费弗等著：《刑事诉讼法》（上册），卞建林等译，中国政法大学出版社2003年版，第289页。

② 参见《德国刑事诉讼法典》，李昌珂译，中国政法大学出版社1995年版，第31—38页。

③ 兰跃军："比较法视野中的技术侦查措施"，《甘肃政法学院学报》2013年第5期。

品案件的侦查中实施实物跟踪侦查（控制下交付）。[①]

国家为了达到特定目的适用技术侦查措施侦查犯罪时，必须要考虑这一技术侦查手段是否能够达成该特定目标，只有在这一技术侦查手段有助于达成目的，且不能采用其他同样对权利侵害较少的方法时，方可采用该技术侦查措施。

（二）技术侦查措施的审批程序——令状原则

令状原则，也称为令状主义，它要求侦查机关基于侦查的需要采取强制侦查措施时，必须由法院或法官审查该强制侦查是否具备法律规定的适用条件，并由法官签发许可令状。在侦查人员对当事人执行强制侦查行为时，原则上必须向当事人出示该令状。“基于法律保留原则的要求，国家欲实施强制处分并进而干预人民的基本权利时，必须有法律之授权依据，并且应该谨守法律设定之要件限制，否则即属违法侵害人民基本权利之行为。”[②]令状原则是强制侦查法定主义的具体体现，其目的在于促使作为第三方的法院就强制侦查的理由和必要性进行审查并作出公正判断，以防止强制侦查措施的滥用，从而有效维护刑事诉讼参与人的合法权益。由于技术侦查措施可能涉及公民的秘密、隐私等基本权利，从性质上判断也是一种强制侦查行为，因此适用技术侦查措施要取得审查机关的书面许可命令。

从其他国家和地区的法律规定来看，多数对侦查机关采用技术侦查措

① 参见〔日〕田口守一著：《刑事诉讼法》，刘迪等译，法律出版社2000年版，第33—34页。

② 林钰雄著：《刑事诉讼法》（上册），中国人民大学出版社2005年版，第232页。

施奉行司法审查原则。根据美国《综合犯罪控制与街道安全法》规定，侦查机关要进行电话或口头通讯监听，必须向一名联邦法官申请令状。只有在以下紧急情况：（1）存在可能导致人死亡或重大伤害的即刻危险；（2）对国家安全造成威胁的阴谋行为；（3）在令状签发之前需要对阴谋进行有组织犯罪的电话、口头或电子通讯进行窃听，并且经过一定的努力能窃听到通讯的内容，才能事先不经司法授权进行窃听。但在窃听开始后的48小时内向法官申请许可令状。①《德国刑事诉讼法》第100条b规定，通讯监听应由法官签发命令，如果有延疑危险时，亦可以由检察官签发。《德国刑事诉讼法》第110条b规定，秘密侦查员的派遣只有经检察官或法官的许可，方可进行。②《法国刑事诉讼法》第100条规定，电讯截留措施由预审法官采取并监督。继续截留必须按同样的条件方式和期限重新作出决定。③日本《关于犯罪侦查中监听通讯的法律》规定："请求监听令状，应当由检察官（限于检察总长指定的检察官）或者司法警察员（限于国家公安委员会或者都道府县公安委员会指定的警视以上的警察官、厚生大臣指定的麻药监督官及海上保安厅长官指定的海上保安官）向地方法院的法官提出申请，由地方法院法官签发。"④日本《麻药取缔法》第58条规定："麻药取缔官及麻药取缔员在侦查有关麻药的犯罪时，经厚生大臣许可，可以

---

①参见〔美〕伟恩·拉费弗等著：《刑事诉讼法》（上册），卞建林等译，中国政法大学出版社2003年版，第289—294页。

②参见《德国刑事诉讼法典》，李昌珂译，中国政法大学出版社1995年版，第31—38页。

③《法国刑事诉讼法典》，罗结诊译，中国法制出版社2006年版，第104页。

④《日本关于犯罪侦查中监听的法律》，宋英辉译，http://www.japanlawinfo.sdu.edu.cn/html/zhongyiribenfa/20071202/404.html，最后访问时间2015年8月16日。

不管本法的规定，接受来自任何人的麻药。”[①] 香港《截取通讯及监察条例》对截取通讯和秘密监察实行两极授权机制，同时将秘密监察分为第1类监察和第2类监察，截取通讯和第1类监察由小组法官负责授权，第2类监察实行行政授权。[②] 由此可见，其他国家和地区允许技术侦查措施侵犯公民的部分权益时，也对这些强制权明确予以限制，由法官或检察官进行审查。因此令状原则是在侦查程序中最直观地体现司法抑制和人权保障理念的一项原则。

侦查机关适用技术侦查措施除要求具备法律规定的授权之外，更要求侦查机关启动技术侦查措施时谨守法律明文设定的要件限制。这些要件限制是技术侦查措施启动必须具备的理由和程序审查，构成适用技术侦查的门槛以及对公民权利的保障。如果允许侦查机关恣意规避这些要件限制，技术侦查措施的法律规定即形同虚设。因此，模糊的要件限制以及泛滥的法官许可都会降低法律控制的密度进而减损令状主义的功能。

（三）技术侦查措施的执行程序——程序法定原则

程序法定原则是指采取技术侦查措施必须有法律明文规定，并依据法定程序实施。技术侦查作为隐秘性的强制侦查行为，其设立是基于维护社会秩序和安全的需要，但如果不严格遵守法定程序，将会导致侵害公民权利。

第一，技术侦查措施申请程序。技术侦查措施应当由法定的主体按照

---

①〔日〕土本武司著：《日本刑事诉讼法要义》，董璠舆、宋英辉译，台湾五南图书出版公司1998年版，第132页。

② 参见兰跃军：“比较法视野中的技术侦查措施”，《甘肃政法学院学报》2013年第5期。

法定的方式予以申请。技术侦查措施申请的主体应当是特定的，如美国《通讯隐私法》规定："在联邦系统申请截取有线通讯、电子通讯及口头交流的，必须经司法部长、副部长、司法部长助理或者经部长指定的司法部刑事局的执行助理授权。"① 日本《关于犯罪侦查中监听通讯的法律》第 4 条规定："请求监听令状，应当由检察官（限于检察总长指定的检察官）或者司法警察员（限于国家公安委员会或者都道府县公安委员会指定的警督以上的警察官、厚生大臣指定的麻药监督官及海上保安厅长官指定的海上保安官）向地方法院的法官提出申请。"② 关于申请的方式一般都要求采用书面形式。在澳大利亚，只有直接从事控制下交付行动的联邦警察有权申请。除紧急情况，申请者必须首先从国家行动部门处取得申请号。申请号格式一般为"澳大利亚联邦警察 YYY/ YY/ XX"。③

第二，技术侦查措施实施的主体。技术侦查措施只能由执法机关执行或只能由侦查人员执行。如意大利规定，监听应当由公诉人或者司法警官进行。④ 对于监听措施，我国台湾地区主要的执行机关是"调查局"，最近"刑事警察局"也逐步涉足监听的执行。⑤ 有的国家还将公民个人擅自采用技术手段如监听侵犯他人隐私权的行为，在刑法中规定为犯罪行为，如

①〔美〕伟恩·拉费弗等著：《刑事诉讼法》（上册），卞建林等译，中国政法大学出版社 2003 年版，第 295 页。

②《日本关于犯罪侦查中监听的法律》，宋英辉译，http://www.japanlawinfo.sdu.edu.cn/html/zhongyiribenfa/20071202/404.html，最后访问时间 2015 年 8 月 16 日。

③ 参见马忠红："澳大利亚的'控制下交付'"，《云南警官学院学报》2003 年第 3 期。

④《意大利刑事诉讼法》第 267 条第 4 款："公诉人亲自进行工作，或者通过一名司法警官进行窃听。"

⑤ 参见林钰雄著：《刑事诉讼法》（上册），中国人民大学出版社 2005 年版，第 326 页。

《德国刑法典》第 201 条规定的“侵害语言的秘密”。[①]

第三，技术侦查措施适用的对象。技术侦查措施只能对犯罪嫌疑人以及与犯罪嫌疑人相关的人或物品实施。如《德国刑事诉讼法》第 100 条 a5 项规定：“命令监视、录制电讯往来时，只允许针对被指控人，或者针对基于一定事实可以推断他们在为被指控人代收或者转送他所发出信息的人员，或者针对被指控人在使用他们的电话线的人员作出命令。”第 100 条 c 第 2 款规定：“对前款措施只允许用来针对被指控人。针对其他人员，在采用其他方式侦查案情、被指控人居所只能取得微小成效或者难以进行的前提下，准许采用第 1 款第 1 项字母 a 的措施。对于第 1 款第 1 项字母 b 和第 2 项的措施，只有在基于一定事实可以推断其他人员与行为人有联系或者可以建立这种联系，使得措施将导致查清案情、侦查出被指控人居所，并且采用其他方式很难或者不可能取得这种成果的时候，才允许针对其他人员采用。”[②]

第四，技术侦查措施实施的时间与地点。技术侦查措施的适用必须规定具体的时间和地点，防止过度滥用侵犯公民的隐私权。各国对不同的技术侦查措施都规定了时间或地点的限制。如美国《综合犯罪控制与街道安全法》规定：“监听令状授权的监听期限不得超过完成所授权的监听的必要的限度，每次监听最长不得超过 30 天，自侦查机关开始监听之日或监听

① 《德国刑法典》第 201 条规定：“侵害语言的秘密，（1）处 3 年以下的自由刑或金钱刑，如果行为人无权地：（a）将他人非公开说出的语言录入声音载体上，或者（b）使用此类录音或使第三人取得的。（2）用窃听器窃听自己无权知悉的他人不公开言论的，处以前款相同之刑罚。（3）公务人员或从事特别公务的人员侵害他人言论秘密的（第 1 款和第 2 款），处 5 年以下的自由刑或者金钱刑。”参见《德国刑法典》，冯军译，中国政法大学出版社 2000 年版，第 127 页。

② 参见〔德〕克劳思·罗科信著：《刑事诉讼法》，吴丽琪译，法律出版社 2003 年版，第 334—336 页。

令下达 10 日之后起算。”[①]2010 年哥伦比亚特区上诉法院在 Maynard 案中引入了“镶嵌论”来阐释搜查标准，2012 年美国联邦最高法院在 Jones 案协同意见中对这一逻辑分析方式给予了肯定。哥伦比亚特区联邦上诉法院以及联邦最高法院中的五位大法官均认为，长期的监控会对隐私权的合理期待造成侵害，构成刑事诉讼意义上的搜查，应以必要的司法审查为其适用前提。[②]《法国刑事诉讼法典》规定，电讯截留的最长期限为 4 个月。[③]

技术侦查措施只能适用于进行犯罪活动的相关场所，对于一些特定场所禁止使用，如德国规定严禁在私人住宅进行监听。日本《关于犯罪侦查中监听通讯的法律》第 3 条规定：“依照前二款的规定实施的监听，除通讯营业者等看守的场所以外，不得在有人住居或者有人看守的宅邸、建筑物或船舶内进行。但经住居主人或看守人或者代表他们的人承诺时，不在此限。”[④]

综上可见，其他国家和地区在制定法律时既考虑有利于适用技术侦查措施，同时也要考量技术侦查措施对个人隐私的保障。当科技发展不断改进侦查的技术手段，不断提高破案的比率和速率时，值得我们警示和重视的是技术侦查权力的边界与隐私权保护的问题。鉴于隐私权的基本人权地位，其始终对抗公权力的侵入和侵犯，无论技术侦查措施的公共利益性有多强，都不能超越隐私权保护的边界。

---

①〔美〕伟恩·拉费弗等著：《刑事诉讼法》（上册），卞建林等译，中国政法大学出版社 2003 年版，第 289 页。

② 初殿清：“镶嵌论视野下的车载 GPS 证据的可采性”，《政法论坛》2013 年第 5 期。

③《法国刑事诉讼法典》，罗结诊译，中国法制出版社 2006 年版，第 104 页。

④《日本关于犯罪侦查中监听的法律》，宋英辉译，http://www.japanlawinfo.sdu.edu.cn/html/zhongyiribenfa/20071202/404.html，最后访问时间 2015 年 8 月 16 日。

四、技术侦查措施侵犯个人隐私权的判断

前文已分析，隐私权虽然关系到公民个人的私生活，但却不是绝对的权利，基于公共利益的考量在一定程度上允许公开和介入。侦查机关适用技术侦查措施对公民个人隐私权的介入只要在法律规制的框架内，就具有正当性，但是技术侦查措施一旦滥用就可能存在侵害公民隐私权的危险。因此，判断技术侦查措施是否超越法律规制的范围、是否侵犯公民个人隐私权的标准尤其重要。我们认为，判断技术侦查措施是否违法、是否侵犯公民个人隐私权的标准，应当包括客观标准与主观标准两个方面。

（一）客观标准

客观标准是指不受主观思想或意识影响而独立存在的标准。域外国家和地区大都从立法上对适用技术侦查措施的具体条件和实施程序作出完善的规定，客观标准可以根据技术侦查措施的明确法律规定来判断，因此判断技术侦查措施是否侵犯个人隐私权的客观标准较容易确定。比较域外法律规定，总体来讲，侵犯公民隐私权的技术侦查措施主要有以下情形：

1. 违反令状原则的技术侦查

令状原则要求侦查行为原则上由法官或检察官事先批准，强制侦查必须接受司法审查，体现了以司法权抑制侦查权的理念。由于技术侦查措施特有的秘密性、侵权性特征，为慎重起见，应当对技术侦查措施的实施规定明确的依据与界限。从立法看，许可技术侦查措施原则上由法官或检察官对技术侦查行为进行审查判断并签发书面令状。只有在他人生命、健康等面临急迫危险的紧急情况时，令状的签发机关可以以口头的方式通知侦

查机关先行实施技术侦查行为。因此，如果侦查机关没有取得由法律规定的审批机关签发的令状就采取技术侦查措施，或者在紧急情况下实施技术侦查措施但没能及时获得审批人员的确认，即为侵害个人隐私权的非法技术侦查行为。

2. 违反正当程序的技术侦查

正当程序原则要求适用技术侦查措施必须符合法律规定的程序，这是法律对技术侦查措施适用时的原则规定，目的是通过程序限制国家权力对公民权利的侵害。经过合法授权的技术侦查措施，适用时也必须遵守一定的程序。在司法实践中，一些技术侦查措施虽然获得了审批令状，但是更多的是在实施过程中由于程序违法而造成侵权。德国联邦最高法院曾作出过这样的判决：犯罪行为人的电话在得到允许的条件下受到监听，但是，他却忘记把话筒挂上了，刑事追诉机关用这种方法窃听到被监听的夫妇在吃饭时谈论他们的毒品交易的谈话。这些材料的使用性被联邦最高法院禁止了。因为对住房中电话之外的谈话进行窃听，在没有取得特别住房窃听命令的情况下，是不能允许的。[①] 该窃听超越了令状授权的范围。遵守正当程序是适用技术侦查措施应当遵守的原则，未遵守法律规定的正当程序要求而实施的技术侦查行为，即属违法行为。

3. 违反必要性原则的技术侦查

为防止技术侦查措施的滥用，立法首先考虑如何适度限制其适用的范围。换言之，技术侦查措施的实施只有在足以认定犯罪嫌疑人有重大犯罪事实的嫌疑，且有相当理由可以相信不能以其他方法收集或调查证据时，

① 参见〔德〕克劳思·罗科信："德国刑事诉讼法对被告人的保护"，王世洲译，《中外法学》2007 年第 1 期。

进行利益权衡后方能使用。因此，运用技术侦查措施原则上以重大犯罪或其他特定犯罪为范围，超越法律规定的犯罪范围所进行的技术侦查行为，属于违法。

4. 违反相关性原则的技术侦查

为避免将与犯罪无关的人或物作为侦查对象，造成其权利的侵害，侦查机关在进行侦查活动时，应当遵守相关性原则。只有有理由相信实施技术侦查行为的相对人或物与案件有关，才能适用技术侦查行为。如果适用技术侦查行为时，针对非经授权许可的人员和物品，即属于违法。

（二）主观标准

在侦查法治化进程中，奉行立法万能主义的成文法国家，曾经试图将警察采取的每一种侦查措施都通过立法加以规范，希望国家的严密法律体系能够控制警察的行为，抑制警察权力的滥用。但是这只能是美好的愿望，因为随着科技的发展，犯罪手段、形态日新月异。相对地，国家侦查犯罪的手段也与时俱进，意图通过立法将所有侦查行为都一一规定下来几乎不可能。即使是成文法的代表国——德国，“对于所有警察侦查方法都想订立一广范围的规则的必要性，在以由联邦宪法法院的判例表明其见解态度后，已将此必要性转化为‘信息自决权’而告解决”[①]。也就是说，判断技术侦查措施是否合法的标准，不再仅仅是法律的明确规定。因为法律永远不可能将所有新的侦查措施纳入规范的范畴，出现新的侦查手段后，仅有的法律规定已不能满足现实的需要。因此美国在 1967 年卡茨（*Katz* v.

①〔德〕克劳思·罗科信著：《刑事诉讼法》，吴丽琪译，法律出版社 2003 年版，第 79 页。

United States）案中，确立了相对人“隐私合理期待”的主观标准。而且在具体的司法实践中，合理隐私期待还将客观标准中“合理根据”、“必要”、“及时”等抽象、模糊字句转化为更为合理的标准。因此，强调通过对公民隐私权的合理期待来加强对技术侦查行为的控制，是一种以“不变应万变”的趋势。[①]

在卡茨案中，卡茨被怀疑通过公用电话亭的电话在洛杉矶向迈阿密和波士顿传递赌博信息。联邦调查局的警察将一个电子窃听器安装在卡茨所用的电话亭的外壁上，对其对话内容实施了无证监听。联邦最高法院纠正了 1928 年奥姆斯特德案（*Olmstead* v. *United States*）的“物理侵入”的标准，宣布此行为违反宪法第四修正案的规定。随着现代科学技术的发展，侦查机关具备了一种无需对封闭空间实施物理侵入就足以借助电子手段截取谈话内容的能力，最高法院开始意识到，物理侵害理论既不是好的判断标准，也不是理想的法律规则。斯图尔特法官重新诠释了宪法第四修正案的法理，认为该条保护的是人而不是场所，其核心为隐私期待。[②] 只要公民想保护其隐私，即使是在公共场所，也受宪法保护；即便没有警察的物理侵入行为，如果侵犯其隐私期待，也构成侵权。

卡茨案确立的“隐私权合理期待”标准，不仅仅要求个人主观上对自己的隐私有所期待，而且还要求客观上这种隐私期待受社会认可。换言之，在主观上公民对有体物（如信件）或无体物（电话）表现出隐私期待

① 参见艾明著：《秘密侦查制度研究》，中国检察出版社 2006 年版，第 244 页。

② 斯图尔特法官在卡茨案中指出：“关键的问题是，占有公用电话亭，关起身后的门，并且支付了电话费从而被允许打电话的人，绝对有权假设他对着话筒说的话不会传播给他人。”参见〔美〕伟恩·拉费弗等著：《刑事诉讼法》（上册），卞建林等译，中国政法大学出版社 2003 年版，第 148 页。

的真实意思，为了保护其隐私权，已经采取了明示或暗示的积极举措，否则，不能认定其享有隐私的合理期待。如某人在公开场合高谈阔论，主观上无隐私权期待。在客观上，个人的隐私期待还应当被社会一般人承认是合理的。即如果一个人在公共场所暴露其隐私，即使他对此仍持有隐私的期待，但按照社会上一个正常理智的人的判决标准不会承认该期待是合理的。隐私合理期待的主、客观要件必须同时具备，公民的隐私权才受法律保护。

"合理期待的隐私"标准已被广泛运用于解决诸多隐私界限问题。就技术侦查措施而言，也以隐私合理期待作为判断其是否侵权的主观标准。随着"合理隐私期待"理论的日益成熟，美国最高法院通过一系列判例确立了公共暴露理论、风险承担理论和非法信息无隐私说来完善"合理期待隐私"的客观要件。[①] 依据公共暴露理论，公民对于公共场所或开放区域没有隐私合理期待，在此区域对其实施监听、监控、拍照、录像等技术侦查措施没有侵害其权利；如果是住宅或较为私密的场所，相对人对其隐私权受保护有合理期待，则该措施侵害其隐私权。如果使用技术追踪手段监控街道或高速路上行驶的汽车，不能认为侵犯相对人隐私权。因为，个人对其驾驶汽车在公共道路上的行踪并不享有隐私的期待。但电子监控的设置随着被控制的财物进入公民的住宅，则侵犯了公民的隐私权。事实上，日本也有判例认为，犯罪现场是道路、广场等公开场所时，为侦查而进行的拍照等侦查行为是合法的，并不违背宪法第 13 条和第 15 条的规定。[②] 依据

---

① 参见向燕："美国最高法院'隐私的合理期待'标准之介评"，《中国刑事法杂志》2008 年第 9 期。

② 参见最大判昭 44. 12. 24 刑集 23. 12. 1625。

风险承担理论，卧底、线人等秘密侦查措施不侵犯相对人隐私权。因为一个人向另一个人披露了某些信息，那他应当承担起第三人向警方透露的风险。在洛佩斯案（*Lopez* v. *United States*）和怀特案（*United States* v. *white*）中，便衣警察身藏录音机或无线传话器与嫌疑人交谈，录下来的成果作为指控嫌疑人犯罪的证据。美国最高法院认为被告对谈话内容并不享有合理的隐私期待。被告所信任的朋友是警察，或者警察的线人，第四修正案对此种错误的信任并不提供保护。"一个计划非法活动的人，应当意识到他的同伙可能会向警方告发，并应承担此种风险。"[①]依据非法信息无隐私说，技术侦查措施的适用如果是揭露犯罪活动，该侦查行为就不构成侵权。也就是说，公民对其犯罪活动不享有隐私的合理期待。美国司法实务中涉及大量新技术的采用与隐私权保护的判例。在"过去37年来，法院一直在为确定什么时候某种技术的使用侵犯一个人'对隐私合理期待'而斗争"[②]。

美国联邦最高法院判例所确立的学说，也受到不少学者的批评。有学者认为联邦最高法院没有明确界定"隐私的合理期待"是什么，没有明确"隐私的合理期待"的全面标准，不可避免地具有较强的主观性和不确定性。[③]有学者对最高法院确立的理论提出质疑，认为人类虽然应承担被朋友出卖的风险，但不能接受自己的朋友居然是政府的线民。即使朋友可能背叛自己，但政府不应该扮演积极的角色，安排线民成为嫌疑人的朋友，收集对其不利的信息。否则等于政府的行为破坏了人与人之间的信赖关

① 参见王兆鹏著：《新刑诉·新思维》，元照出版公司2005年版，第69—70页。

② Ric Simmons, *Technology-Enhanced Surveillance by Law Enforcement Officials*,60 N.Y.U.Ann.Surv. Am.L.711, 714,（2004）.

③ See Posner, *The Uncertain Protection of Privacy by the Supreme Court,* 1979 S. Ct Rev. 173,（1979）.

系，而此种信赖关系是维持个人自主及社会安定的必要因素。① 一旦人与人之间的信赖与安全感瓦解，会造成社会的恐慌。而且人们生活在信息社会，表面上看似自愿实际不可能不交出自己的信息，无论是政府的社会管理还是商家提供的服务都需要个人交出自己的某些信息。虽然个人为了在信息社会生存必须交出自己的部分信息，但交出这些信息，并不等于放弃隐私权保护期待。

根据利益权衡理论，德国实务界将个人的隐私范围根据私密程度分为三个不同的领域：一是私密领域，这一领域包括个人的敏感隐私，与人格尊严相关的最核心部分，这一领域可以对抗国家一切公权力，国家无权因为追诉犯罪的需要而侵犯公民的这一领域，即使重大犯罪也不允许。二是纯私人领域，这一领域属于中间地带，国家虽然保护，但不具有绝对性，应当在保护公民权利与追诉犯罪的公共利益之间进行权衡。比如在散步时私人之间的谈话是否隐私，只有在个案中衡量犯罪的轻重，依据必要性和相当性等原则进行考量。三是社交范围，如业务上的商谈，聚餐时的聊天，只要取证行为合法，就不存在侵犯公民隐私权的问题。

① Dressler, supra note 16, at 98.

第四章 域外技术侦查措施的立法规制

从世界范围看，为了防止刑事侦查机关在侦查中滥用技术侦查措施侵犯公民隐私，许多国家和地区均有专门法律规范。从域外的立法和司法实践可以看出，立法并没有提出“技术侦查措施”标准概念，而是普遍关注某一具体的技术侦查措施适用的条件、适用的对象和范围、适用的期限及审批程序等，这样的立法模式无疑有利于避免引起歧义，增强制度的可操作性。[①] 以下对一些国家和地区的技术侦查制度进行简要介绍与分析，以期对我国技术侦查制度的构建有所裨益。

一、美、日有关诱惑侦查的立法与实践

诱惑侦查是技术侦查措施中“隐匿身份侦查”的一种。所谓诱惑侦查，是侦查人员亲自或者使用“线人”促使第三者实施犯罪行为，在第三者犯罪时将其逮捕或者收集证据的侦查行为。诱惑侦查因为是国家侦查机关作为诱惑者，促使被引诱者实施犯罪，因而存在是否合法的问题。以下以美

① 参见詹建红：“理论共识与规则细化：技术侦查措施的司法适用”，《法商研究》2013 年第 3 期。

国和日本为例，简要分析诱惑侦查的合法性界限。

（一）美国

美国于1910年成立联邦调查局（FBI）后，特别是第二次世界大战之后，在刑事侦查中广泛运用诱惑侦查措施，还通过单行法《美国司法部部长关于联邦调查局乔装侦查行动的准则》，对此问题予以法律规制。至今美国侦查实践中，使用“卧底”警察或“线人”在许多类型的犯罪中必不可少。警察对某公民进行诱惑侦查本身并不违反宪法，联邦最高法院也承认政府可以使用“卧底”或“线人”进行侦查活动，允许侦查机关及其侦查人员给嫌疑人提供犯罪机会或者便利，允许使用策略和计谋抓获实施犯罪的人。但诱惑侦查不是适用于所有类型的案件，主要适用于毒品、卖淫、酒精犯罪、伪造、操纵价格以及贿赂等无被害人案件中。按照《模范刑法典》的理解，如果可能对人身造成伤害或威胁的案件不能适用诱惑侦查。

实际上，每个案件采用的引诱战术都不可能完全相同，警察所做的也远不是简单地接近嫌疑人要求其实施犯罪，有时需要提出多个要求并与嫌疑人建立私人亲密关系。但是，当警察“热心”执法时，不能向无辜的公民倡议犯罪计划，不能给清白的人灌输犯罪倾向，诱使他们实施犯罪。美国所有司法区都允许提出“警察圈套”进行抗辩，其目的在于防止政府制造犯罪。美国法官一直试图对诱惑侦查中政府的正当侦查行为和不正当的侦查陷阱进行区分，联邦最高法院先后通过索勒斯（*Sorrells* v. *United States*）、谢尔曼（*Sherman* v. *United States*）、拉塞尔（*United States* v. *Russell*）、汉普顿（*Hampton* v. *United States*）等案件，用40多年的时间确立并完善了“圈套”理论，用反证的方法规定侦查圈套的构成标准，进而界定了其他诱惑性手段的合法性。

在1932年的索勒斯案[①]中，高等法院最初认为，被告人不可以用警察圈套作为辩护意见，但联邦最高法院第一次在联邦司法系统认可警察圈套的抗辩理由。以首席大法官查尔斯·埃文斯·休斯为代表的五名多数法官认为，“为了抓住犯罪人，可以使用诡计和谋略”，但是“如果犯罪计划源自政府执法官员，而且是后者将实施被指控犯罪的意图植入无辜者的头脑之中并引诱他动手实施该项犯罪，以便能够对该人提起刑事指控，那么将引起截然不同的问题”。[②]在判决中，最高法院将诱惑侦查行为区分为：对“不谨慎的犯罪人”设置圈套（这是允许的）与对“不谨慎的无辜者”设置圈套（这是不允许的）。[③]多数法官提出了认定警察圈套的主观标准：如果政府为了能够指控某人，由警察引诱一个清白的人实施犯罪，法庭有理由认为法律被政府滥用，构成“警察圈套”。主观标准强调的是由于被告人的犯罪倾向而非警察的不当行为导致其实施了犯罪。之后在谢尔曼、拉塞尔、汉普顿案中，最高法院重申了对主观标准的支持。

在索勒斯案中，有三名法官虽然也认定存在警察圈套，但对警察圈套作出不同的解释，提出了认定“圈套”的客观标准：“如果警察的行为逾越了普通人所能接受的、正当行使起诉权力的底线”，[④]即犯罪是由于警察的

---

① 索勒斯案的案情表明：被告人是一个勤勉的守法公民，警察通过反复、不断地恳求，以及利用他们在世界大战中并肩作战的经历引起情感共鸣，引诱原本清白的被告人实施了犯罪。

② Sorrells, 287 U.S. 441（1932）.

③ Sorrells, 287 U.S. 442（1932）.

④ Sherman, 356 U.S. 384（1958）.

劝说和引诱而实施的，那么警察的行为就属于圈套。主观标准主要着眼于犯罪人，即犯罪人主观上是否“清白”，是否具有实施被指控犯罪的倾向。客观标准主要关注警察实施的引诱行为，警察的行为应当具有正当性。客观标准的理论根据是公共政策的考量，法院肩负着防止警察实施犯罪活动的职责，法院不应该通过对被引诱者定罪而从事实上赞成警察的犯罪行为。在谢尔曼、拉塞尔案中，最高法院也有少数法官认可这一标准。在谢尔曼案的判决中，大法官费利克斯·富兰克福特解释说：“警察的行为应当采取以下方式，即，该行为只会引诱那些‘有准备，而且只要有犯罪机会就会乐于实施犯罪的人’，而不会对那些正常情况下不会去实施犯罪，而且会尽力抵制一般犯罪诱惑的人产生影响。这一标准强调的是以下客观可能性：‘警察的行为’只会对那些有准备而且乐于实施的犯罪的人形成诱惑。”① 客观标准得到多数学者的支持，在美国《模范刑法典》对圈套辩护的阐述中有所体现，并且为大约三分之一的州所采纳。

虽然所有的司法区都允许提出“圈套”抗辩，他们不同之处在于如何界定和如何运用。因为圈套辩护不存在宪法性基础，各州可以自己界定标准。程序上，是否存在圈套的判断权力属于法官还是陪审团，即它是一个事实问题还是法律问题，各州观点不一。在大多数州，警察圈套被作为一个事实问题，一般由陪审团认定。在另一些州，特别是适用客观标准的州，警察圈套被认为是刑法规定的法律问题，应该由法官进行判断。在实体上，警察圈套的判断标准存在主观与客观之分，“但是通常情况下，两种标准均要求证明以下内容：（1）被告人是在政府执法官员（通常情况下，

① Sherman, 356 U.S. 384（1958）.

是秘密警察）引诱下实施犯罪的；（2）要不是因为受到引诱，被告人，或者说（至少在理论假设上）普通人不会实施该项犯罪；（3）政府执法官员这么做是为了获取证据以便能够对被告人提起刑事诉讼”[①]。

为了平衡主观与客观标准，美国联邦最高法院在汉普顿案中引入正当程序理论以约束警察的侦查权，提出警察的引诱是否侵犯被引诱者的正当程序权利问题。早在拉塞尔案件中，法院认定由于拉塞尔具有实施犯罪的倾向，因此警察圈套的抗辩不能成立。但是，拉塞尔争辩说，警察行为违反了正当程序条款，如果没有警察提供一种制造毒品必需但却难以获得的成分（丙酮），该犯罪行为将不可能发生，因而指控应当被驳回。虽然有三名法官认为，如果丙酮完全不可能从其他来源获得，那么警察的行为构成圈套。但法院最终在判决中指出：“尽管将来有一天我们可能会面对这样一种情形，即，执法官员的行为如此的令人难以容忍，以至于根据正当程序条款应当绝对禁止追诉方通过司法程序将相对人定罪处刑，但是这起案件显然不属于这种类型。”[②]在三年后的汉普顿案中，最高法院的一些大法官们重新审视了正当程序问题。在汉普顿案中，秘密侦查员安排汉普顿向另外一名秘密侦查员出售海洛因。也就是说，汉普顿的毒品是由警察提供并安排其卖给另一名警察，警察参与了犯罪活动的整个过程，扮演了相当重要的角色。多数大法官认为，“如果政府执法官员过多地参与了犯罪，或者，其侦查行为令人难以忍受，那么正当程序条款将阻止对被告人进行

---

①〔美〕约书亚·德雷斯勒等著：《美国刑事诉讼法精解（第一卷刑事侦查）》（第四版），吴宏耀译，北京大学出版社2009年版，第581页。

② Russell, 411 U.S. 423（1973）.

刑事追诉”[①]。但是判例并没有对警察的行为在何种程度达到“恶劣”提供清楚的指导。

1978年的特威格案（*United States* v. *Twigg*）受人关注是因为该案是自汉普顿案后被告人运用正当程序辩护的第一起案件。在该案中多数法官认为，警察的介入已经达到“可证明的性质恶劣的程度”，强调在该案中：（1）违法的引诱计划并非来自刑事被告人；（2）线人的专门技术是该犯罪必不可少的必需条件；（3）被告人直到被线人接近之前是合法并和平地照料自己的事务。[②]1981年美国司法部制定《关于秘密侦查的准则》，确立了包括诱惑侦查在内的秘密侦查措施的实施原则和条件，开始逐渐由单纯的主、客观标准向强调以宪法的程序合法原则转变。在联邦刑事案件中，已经有许多被告人以警察行为“令人难以忍受”为由提出了正当程序抗辩。其他联邦巡回法院和州法院系统也认为，这种抗辩有可能成立。但是司法实践中认定警察行为违反正当程序的判例相当罕见。

（二）日本

警察或者“线人”引诱他们认为是罪犯的人犯罪，待该罪犯实施犯罪行为时将其抓捕的侦查方法，被日本学者称为利用诱饵的侦查，在日本刑法上被称为引诱他人犯罪。[③]虽然这种侦查方法存在教唆犯罪未遂，其合

---

① Hampto, 425 U.S. 454（1976）.

② 参见〔美〕伟恩·拉费弗等著:《刑事诉讼法》（上册），卞建林等译，中国政法大学出版社2003年版，第336页。

③〔日〕土本武司著:《日本刑事诉讼法要义》，董璠舆、宋英辉译，台湾五南图书出版公司1998年版，第132页。

法性存在争议的问题，但为了侦查那些无被害人的、犯罪行为反复继续，以通常方法收集、保全证据困难的犯罪，日本承认诱饵侦查的合法性。日本最早在1948年《麻药取缔法》、1954年《鸦片法》、1958年《枪支刀具取缔法》等法律中对诱惑侦查进行了确认。日本也有判例认可诱惑侦查的合法性，如最判昭和28（1953）年的案件。在该案中，法院认为被诱惑者在被诱惑之前有无犯罪倾向及犯意，与其被诱惑后所实施行为的违法性、犯罪构成要件的该当性及本人的道德责任无任何关系，因此，侦查中存在诱惑侦查，既不违反提起公诉的程序规定，也不会消灭公诉权，应当毫无保留地允许诱惑侦查。[①] 日本早期的观点认为，利用诱饵进行侦查（诱惑侦查）是任意侦查行为[②]，之后认为此侦查行为可能侵犯宪法第13条规定的"国民拥有的不受公共权力干涉的人格自律权"，应当划归为强制侦查。

日本立法和司法实务界将诱惑侦查划分为两种类型：一是犯意诱发型，即诱惑者通过极力鼓动、提供巨额报酬等不正当方式直接引诱被诱惑者，促使其产生犯罪意图并实施。这种类型由于引诱他人犯罪，侵犯人格自律权，特别是其教唆结果的犯罪直接侵犯第三者的生命、健康和财产时，应当视为非法。如日本1978年"大阪冰毒案件"，将诱惑侦查取得的证据认定为违法收集的证据予以排除。二是机会提供型，即侦查机关的行为应当限定在仅仅向已具犯意的被诱惑者提供犯罪机会。日本判例对诱惑侦查的认定既有合法的也有违法的判决，仔细观察分析发现有以下倾向：

---

① 参见王守宽："诱惑侦查制度：国际比较及立法启示"，《信阳师范学院学报》（哲学社会科学版）2009年2期。

② 参见〔日〕土本武司著：《日本刑事诉讼法要义》，董璠舆、宋英辉译，台湾五南图书出版公司1998年版，第123页。

犯意诱发型的诱惑侦查违法，机会提供型的诱惑侦查合法。[①] 日本理论界判断诱惑侦查合法与否的标准有主观说和客观说两种学说：主观说着眼于被诱惑者心理，从是否存在犯意来区分诱惑侦查合法与否；客观说强调诱惑人的行为，只要存在超出常规的强行诱惑手段，即视为违法。

诱惑侦查因为要设置圈套诱惑对方，使其陷入犯罪行为，侵犯了公民的人格自律权。但也不可否认这种侦查方法收集某些犯罪证据有着不可替代的优势，这时需要进行法益衡量。日本法律规定诱惑侦查主要适用于被侵害的法益很大，侦查比较困难的无被害人犯罪，如《日本麻药取缔法》第 58 条规定："麻药取缔官及麻药取缔员在侦查有关麻药的犯罪时，经厚生大臣许可，可以不管本法的规定，接受来自任何人的麻药。"[②] 为追求利益，这类犯罪很容易反复进行，如果把握住犯罪人追求利益的特点进行诱惑侦查，可以起到事半功倍的效果。而对于一些杀人、伤害等侵犯人身权利的犯罪不允许适用诱惑侦查，如果违法使用诱惑侦查方法，可能导致证据排除、驳回公诉或者中止程序等后果。

随着毒品等类型犯罪的渐趋隐秘化、组织化与国际化，日本法律与司法判例承认了机会提供型诱惑侦查的正当性，但尚没有完善的制度配套设计。

二、美、德有关秘密监听法律规制浏览

英美法系国家和地区大多通过单行法规定了监听法律制度。如美国

---

① 参见〔日〕田口守一著:《刑事诉讼法》，刘迪等译，法律出版 2000 年版，第 32—33 页。

②〔日〕土本武司著:《日本刑事诉讼法要义》，董璠舆、宋英辉译，台湾五南图书出版公司 1998 年版，第 132 页。

国会先后制定了《联邦通讯法》(1934年)、《综合犯罪控制与街道安全法》(1968年)、《电子通讯隐私法》(1986年)对监听进行法律规制。英国先后制定通过了《通讯截获法》(1985年)、《2000年侦查权规制法》。香港规定了《截取通讯及监察条例》。大陆法系国家多在刑事诉讼法中规定秘密监听,《德国刑事诉讼法》第100条a和b规定了监听、秘密录音录像和截获通讯。法国《刑事诉讼法典》第91条第1款和第100条规定监听措施包括截留、录制和抄录邮电通讯。《俄罗斯联邦刑事诉讼法典》第25章专门规定了邮件电报的搜查、提取和扣押以及谈话的监听和录音等技术侦查措施。日本于1999年修改《刑事诉讼法》监听通信的条款，并依据强制侦查法定主义的原则，通过《关于为犯罪侦查而监听通讯的法律》规定了监听的要件、程序以及其他必要事项。澳大利亚的《1979年电讯(截取)法令》主要关注秘密监听行为的实施。域外国家和地区对秘密监听这种技术侦查措施已有了较为完善的法律规定和司法判例，值得我国立法与实践借鉴。以下主要对美国和德国秘密监听法律制度进行简要介绍。

（一）美国

美国是最早在刑事司法实践中反映隐私权概念的国家之一。在1928年的奥姆斯特德案(*Olmstead* v. *United States*)中，虽然联邦最高法院依据多数法官意见裁决，警察截听通过电话线路传输的信息不构成违反宪法第四修正案的非法搜查或扣押。但是大法官布兰代斯却提出了秘密监听侵犯隐私权的观点，“宪法的起草者赋予我们每个人自由的权利以对抗政府，此种权利是最为复杂的权利，并且也是文明开化的人们最为值得珍视的权利。为了保有此项权利”，“政府对个人隐私的每一次非法侵入，无论采用的手段如何，都应被认定为违反了宪法第四修正案”。[①] 从奥姆斯特德案至今，美国的秘密监听法律制度渐趋完善，也对世界各国的监听立法和实践产生了重大影响。

美国监听制度的法治化以1934年国会制定的《联邦通讯法》为标志，有关秘密监听的问题规定在该法第605条：“在未经信息发送者同意的情况下，任何人不得窃听通话，不得将窃听到的有关通话进行的地点、内容、主旨、意图、效果及含义泄露或公布于他人。”[②] 这一条文修正了奥姆斯特德案中最高法院的见解，明确规范了非经他人同意的监听行为。但此条文只规定了秘密监听行为违法，而且除电话监听之外，对其他通讯监控方式都没有加以规范。

随着时间的流逝，许多高度先进的电子窃听手段已被研制并投入使用。在1948年的戈德曼案（*Goldman* v. *United States*）中，警察在嫌疑人邻接办公室的墙壁上安置了一个窃听器，便合法地待在那个办公室里监听嫌疑人的对话。在1952年的李奥案（*On Lee* v. *United States*）中，认定被告人有罪的证据是通过被告人和以前一个熟人的谈话获取，而该熟人是被告人同意后才进入其住所，利用隐藏于身上的无线传送器将他们的谈话传送出。在1961年的西尔弗曼案（*Silverman* v. *United States*）中，宪法对电子截获通话内容的保护最终确立。在该案中，警察在墙壁上钻洞放置窃听器，以监听被告有关犯罪的谈话内容。虽然只是刚刚穿透谈话人一侧的墙

---

①〔美〕伟恩·拉费弗等著：《刑事诉讼法》（上册），卞建林等译，中国政法大学出版社2003年版，第285页。

②〔美〕伟恩·拉费弗等著：《刑事诉讼法》（上册），卞建林等译，中国政法大学出版社2003年版，第286页。

壁，法院认定已经构成搜查。但是大法官们认为，监听行为并非基于财产法构成侵权。[①]可见，《联邦通讯法》的有关规定已不能满足现实的需要，至此关于宪法第四修正案有关侵犯财产权的分析方法开始趋于衰落。1967年的卡茨案（*Katz* v. *United States*）是一个重要的分界线，在该案中最高法院宣布"物理侵害理论"不再是支配性的分析方法，提出了"隐私合理期待"标准。

为了应对犯罪，美国国会于1968年制定《综合犯罪控制及街道安全法》，其中第三编从第2510条至2520条对监听进行了规范，划定了有线通讯及口头对话监听实施的法律框架。该法明确指出："为保护无辜者的隐私，在没有通讯一方当事人同意的情况下，对电话、口头交流的信息监听必须得到有管辖权法院的有效授权，并受其审查和监督。""监听只有在有确定的严重犯罪发生时，并且要在使用其他手段过于危险或无效的情况下作为最后手段才能使用。"同时，该法为司法实践中监听的类型、合理根据、令状的申请、执行以及救济等方面规定了一套比较完善的程序。[②]《综合犯罪控制及街道安全法》对监听的规定相当完善与成熟，至今仍然是美国有效适用的法律，也成为世界其他各国制定监听法的一个模本。然而《综合犯罪控制及街道安全法》的内容仅针对有线通讯和口头对话的监听，不包括新兴的电子、无线通讯类型，存在着明显的隐私权保障缺陷。

美国国会于1986年将《综合犯罪控制及街道安全法》第三编的内容

---

① 参见〔美〕约书亚·德雷斯勒等著：《美国刑事诉讼法精解（第一卷刑事侦查）》（第四版），吴宏耀译，北京大学出版社2009年版，第68—70页。

② 参见〔美〕伟恩·拉费弗等著：《刑事诉讼法》（上册），卞建林等译，中国政法大学出版社2003年版，第288—322页。

进行修订后规定为《电子通信隐私法》的一部分，于1987年1月20日生效。在这里，将关键词“窃听”定义为:“通过使用任何电子的，机械的或其他形式的设备听到或其他方法获得任何电话的、电子的或口头的通讯内容。”[①] 在行为规范上,《电子通信隐私法》将电子通讯纳入规范范围，包括无线传呼、移动电话、电子邮件等通讯方式。该法几乎要求所有对有线的或无线的通讯进行监听都需要法庭的命令，并必须建立在合理根据的基础上。1994年通过的《法律执行中的通讯协助法案》，对电话公司、供应商、房东、管理人的协助作出了明确的限定，要求电信传输方所提供的服务与监听电话或电子通讯的法院令状相一致。2001年“9·11恐怖事件”发生后，美国立即对有关监听的法律作了重要修订，制定了《提供必要的阻截恐怖主义的合适工具以团结和增强美国法令》，通常称作《爱国者法令》。《爱国者法令》扩大了执法机关秘密监听的权力，特别是提升了执法机关收集国外情报的能力。当然,《爱国者法令》也遭到许多人的反对，认为它的实施会严重侵害公民的隐私权。

（二）德国

欧洲大陆早在封建君主时期就盛行秘密警察，18世纪末19世纪初，法国的秘密侦查实践以及现代警察体制的建立对欧洲大陆其他国家产生了深远的影响。许多大陆法系国家纷纷效仿法国的做法成立秘密警察并广泛使用秘密侦查手段。但是20世纪后半叶，两次世界大战造成对纳粹德国以及苏联滥用秘密侦查手段恐惧心理，使得德国对使用秘密侦查手段充满

①〔美〕伟恩·拉费弗等著:《刑事诉讼法》(上册)，卞建林等译，中国政法大学出版社2003年版，第297页。

了怀疑。[①] 其后果是德国秘密侦查方法“在刑事诉讼法的最初文本中几乎是默默无闻的。根据它的构思，讯问和搜查是以侦查人员和信息主体之间的坦诚接触为特征的”[②]。随着对付复杂犯罪的社会需要，秘密侦查手段才被逐渐接纳。

从秘密侦查手段被采纳的那一天起，对其法律规制相伴而生。德国对通讯秘密的保护最早体现在其《魏玛宪法》第 117 条之规定中：“书信秘密及邮政、电话、电信之秘密不得侵害，仅得以联邦法律为例外之规定。”德国联邦法院也有判决明确禁止监听，如 1960 年的录音案判决指出，秘密窃听录音涉及侵害当事人的隐私权，因而所得的记录不得作为证据使用。但当时德国还没有相关禁止监听的明确法律规定，因此该案件的判决援引宪法规定，认为人性尊严与尊重人格的自由发展原是现代文明国家所公认的原则，监听涉及私人生活不可侵犯的核心领域，故该录音即不得作为证据资料。[③]在《德国刑事诉讼法》修订第100条之前的《电信装置法》第 12 条规定，法官、检察官必要时有权要求被告提供其电讯数据，但该法在漫长的时间中并没有受到重视。

随着电子通信科技的发展，通讯数据的大量增加，1968 年 8 月 13 日制定的有关德国联邦基本法第 10 条的一法律 G10 规定执法机关拥有范围更广的检查、监视之权限，如联邦宪法保护官署、各邦保护官署、军事保护局及尤其是联邦情报单位对信件、邮务与通讯的监视等。联邦德国于

---

① 参见程雷：“秘密侦查在西方国家的兴起”，《国家检察官学院学报》2009 年第 1 期。

②〔德〕托马斯·魏根特：“德国刑事诉讼程序的改革：趋势和冲突领域”，樊文译，http://www.iolaw.org.cn，最后访问时间 2015 年 8 月 16 日。

③ 参见李明：“在犯罪控制与人权保障之间——监听制度研究”，四川大学 2005 年博士学位论文。

1975年修正其《刑事诉讼法》，增加了有关“监视电信通讯”的规定，关于通讯监听的法律规制主要集中在《刑事诉讼法》第100a和b条。该条规定，私人领域的监听，只有在法律明确许可的范围内，才被允许。为了平衡刑事追诉利益和人格保护之间的关系，法律并不是简单地规定允许监听即了事，而是同时规定适用监听时应当符合实体和程序两方面条件。一是实体要件:（1）相当理由。需要有一定事实来成立其有为正犯或共犯之嫌疑，因此纯粹的猜测或是推论，不足以成立此种嫌疑。要成立犯罪嫌疑，不管是对外在或内在的发生情形，均应已有特定程度的具体事实资料佐证方可。（2）重罪原则。只有针对和平罪、叛逆罪、叛国罪、灭绝种族罪、抢劫罪、敲诈勒索罪等可实施监听。（3）必要性原则。只有在以其他侦查方式不能或难以查明案情、侦查被指控的住所的条件下，才允许命令监视、录制电话往来。二是程序要件:（1）令状主义。《德国刑事诉讼法》规定，通讯监听的令状通常由法官签发，如果有迟延危险时，可以由检察官签发。但检察官决定后，应当不迟延地提请法官确认。如果在三日内未得到法官确认的，决定失去效力。（2）书面主义。司法审查的进行还必须遵循书面原则，即侦查机关必须以书面形式向司法机关提出申请。申请书中必须载明关于主要申请内容的详细说明，如所牵涉到的人、器材及地点；司法机关进行审查后也须以书面形式作出决定，决定中必须指明监听适用的相关事项。①

在侦查领域，德国法律上将秘密监听分为“大型窃听性攻击”（大监听）和“小型窃听性攻击”（小监听）。小监听是指窃听室外的私人谈话，

① 参见〔德〕克劳思·罗科信著:《刑事诉讼法》，吴丽琪译，法律出版社2003年版，第334—335页。

通常又称为“住宅外的监听”,《德国刑事诉讼法》第100f条第2款允许对许多犯罪使用这种窃听。大监听是指借助技术手段秘密监听私人住宅里的谈话，通常被称为“住宅内的监听”。因为大监听涉及公民的核心敏感隐私，因此大监听的适用更加严格，一般情形下不允许适用。但1998年《德国刑事诉讼法》再次修正，允许在特别严重的案件中适用大监听，但对其进行严格控制，特别要求必须由三名法官所组成的法庭审查批准签发命令。2004年德国联邦宪法法院作出判决，宣布刑事诉讼法中规定的“大监听”条款违宪。这份长达150页的判决认为，住宅内特别是卧室内的声音是“绝对受到宪法保护的资讯”,[①]因为与配偶、近亲属和信任的人进行私人谈话不受监听的自由，属于人格尊严的核心领域，即使为了查明最严厉的犯罪，也不应允许。[②]这一判例显示了德国对个人隐私权保护的重视。

三、域外有关控制下交付的相关规定

控制下交付，又称为跟踪监控、监控下移动，系联合国1988年《禁毒公约》首次提出的侦查措施。该公约第1条和第11条规定，为了确定毒品犯罪的实施者与参与者，在监视状态下允许毒品进出本国领土“附监视转移”，并鼓励缔约国采取这种侦查方法。毒品和枪支违禁物交易等无被害人犯罪的组织化和隐蔽化，给侦查带来很大困难，许多国家将控制下交付运用于国内违禁品犯罪的侦查，即在侦查机关已经查明违禁品的

---

① 甘超英:“德国联邦宪法法院的‘大监听’判决”，载《法制日报》2004年6月17日。

② 熊秋红:“秘密侦查之法治化”,《中外法学》2007年第2期。

情形下，为了抓捕其他参与者，采取“放长线钓大鱼”的方式，允许该违禁品在监控下流通，以确定其他参与者并将其抓捕。

（一）日本

日本为了控制毒品入境，其《出入境管理及难民认定法》和《关税法》均限制非法携带毒品的外国人入境，不允许跨国境的控制下交付。但1991年日本批准加入《禁毒公约》并制定《关于在国际协助下为防止助长涉及管制药品的违法行为的麻药及精神药品管理特例的法律》(《麻醉品特例法》)，明确规定为了侦查毒品犯罪，在特殊情况下允许持有毒品的外国人入境实行控制下交付，因此，实物跟踪监控成为合法使用的侦查手段。

日本学者认为，控制下交付（跟踪监控）可以分为两种：一是不没收违禁品而使用其流通的实物跟踪监控。《麻醉品特例法》对此方式有所规定，允许毒品实际通过海关运到国内，之后建立防止毒品流失及犯罪嫌疑人逃跑的监控机制，从而掌握毒品以及犯罪嫌疑人的行动路线，收集犯罪证据，抓获犯罪嫌疑人。[①] 二是将违禁品置换为无害物品的无害跟踪监控。[②] 即发现隐藏的毒品后，采取扣押措施，将毒品取出置换为无害物品让其进行流通，从而追踪到其他参与者将其抓捕。同样，日本《持有刀枪器具等取缔法》第31条之17规定，在进口和持有枪支的情况下，虽然不能采用实物跟踪监控，但可能采取无害跟踪监控的侦查方式。有学者认为，跟踪监控是任意侦查行为，不是侦查人员的行为诱发相对人的犯罪意图，所以

---

① 参见〔日〕松尾浩也著:《日本刑事诉讼法》，丁相顺译，中国人民大学出版社2005年版，第86—87页。

② 参见〔日〕田口守一著:《刑事诉讼法》，刘迪等译，法律出版社2000年版，第34页。

不违法。但是如果跟踪监控支配了被跟踪者的决定，超越了任意侦查的界限，即属于不正当的行为。①

（二）我国台湾地区

我国台湾地区在2003年7月9日的“毒品危害防制条例”②，对各种毒品类犯罪的实体问题，即刑事处罚作出了规定。2004年1月制定的“侦办跨国性毒品犯罪入出境协调管制作业办法”③，以“毒品危害防制条例”为依据，对跨国毒品犯罪案件的侦查进行了较为细致的规定，明确规定了“控制下交付”侦查措施。2005年又制定“海关执行毒品控制下交付作业要点”，细化了控制下交付的相关规定，使得我国台湾地区的控制下交付这一侦查措施有了较为具体的操作程序。

1. 控制下交付的适用对象

我国台湾地区控制下交付目前只能适用于毒品。“毒品危害防制条例”第2条规定：“毒品指具有成瘾性、滥用性及对社会危害性之麻醉药品与其制品及影响精神物质与其制品。”该条例在其附表内将毒品分为四级。

2. 控制下交付的批准程序

“毒品危害防制条例”规定，为侦办跨国性毒品犯罪，对于具体实施控制下交付的毒品案件，必须由检察官或司法警察，经由其检察长或其最上级机关首长向“最高法院检察署”提出侦查申请，并检附相关文件资料，

① 参见〔日〕田口守一著：《刑事诉讼法》，刘迪等译，法律出版社2000年版，第35页。

② 参见：http://www.jhak.com/flfg/xggd/2013-02/24/content_8221.html，最后访问时间2015年8月16日。

③ 参见：http://news.9ask.cn/fagui/twflfgk/201002/333177.html，最后访问时间2015年8月16日。

获得“最高法院检察署检察总长”批准后方可实施。同时，“侦办跨国性毒品犯罪入出境协调管制作业办法”规定，检察及司法警察机关获得批准后，应当以书面形式通知实施控制下交付的协助机关。

3. 控制下交付的执行机关

在我国台湾地区，控制下交付的执行机关主要是检察及司法警察机关。控制下交付特别是跨国界的控制下交付能够顺利地实施，除了需要依靠国与国之间或者国家与地区之间的真诚合作，还必须依赖一个国家或者地区内部的其他相关部门的合作，否则仅仅依靠缉毒侦查机关是不可行的。因此，“侦办跨国性毒品犯罪入出境协调管制作业办法”第 3 条规定了协助执行控制下交付的机关。具体包括“行政院”海岸巡防署、“内政部”警政署入出境管理局、“内政部”警政署航空警察局、“内政部”警政署基隆、台中、高雄、花莲港务警察局、“财政部关税总局”等出入境管制机关负责协助有关检察及司法警察机关的控制下交付作业。

四、其他技术侦查措施的立法规范

在科技不发达的时代，警察若要窥控公民的私隐，必须进入住宅；若要听到密室的低语，必须潜入窃听。因此，公民想要保护自己的隐私，只需拉上窗帘或者放低音量即可。但是因为科技的进步，警察可以在住宅外利用仪器看到屋内的景象或者听到公民在密室内的低语。公民即使放低音量或者拉上窗帘，甚至用尽一切方法也未必能够防止警察用高科技手段刺探公民的私密。因此，法律对于高科技下的侦查方法需要用什么样的标准去判断其侵权性，又应该采取什么样的规范去防止其侵害公民的权利，成为立法与司法实务界需要认真思考的问题。

（一）空中监控与拍照

在美国，庭院对于公民来说属于私人领域，具有合理隐私期待，受宪法第四修正案的保护，原则上警察不得无证搜查。如果警察乘坐飞机从空中监控公民的住宅或庭院，或者从高空拍照获得相关公民住宅或庭院信息，是否侵犯公民的隐私权？

在 1986 年的西拉尔多案（*California* v. *Ciraolo*）中，警察搭乘飞机飞至被告后院上方约三百米高空进行观察，看到被告在后院种植大麻。联邦最高法院判决警察的空中监控行为不构成搜查。因为，该观察发生在公众可以航行的高空，而且用肉眼就能辨认出种植的是大麻。虽然被告人在其庭院边上筑有高高的藩篱，但是不能判断被告是否具有防止高空窥视的主观目的；客观上，警察在合法的空中高度上飞行，没有义务闭眼不瞧。一般私人或商务飞机在空中飞行时也极有可能看到庭院中的活动。所以被告期待无人能自空中看到自己庭院的私人活动是不合理的。[①] 即对其开阔的庭院，公民没有隐私的合理期待。但这一判例受到一些学者的批评，认为警察从高空中的有意监控行为与私人或商务飞机的偶然经过对他人庭院的注意力不能等同视之。如果要求公民的庭院具有隐私权期待，必须在其上空修建遮蔽物，那么家与庭院有何区别？完全破坏了庭院的价值。[②]

在 1989 年的赖利案（*Florida* v. *Riley*）中，警察驾驶直升机在一百二十多米的高度，观察到被告在庭院的温室里种植大麻。法院判决警察的行为也不构成搜查，认为双翼飞机在一百二十多米的高度上飞行不合法，但

---

① Ciraolo, 476 U. S. 207（1986）.

② 参见王兆鹏著:《新刑诉・新思维》，元照出版公司 2005 年版，第 65 页。

直升机在此高度飞行则合法。但在本案中，有多数法官已经注意到，警察飞行的高度虽然合法，但低于通常的飞行高度。他们提出警告，警察如果在合法的高度飞行，观察到公民住宅或庭院中的私密行为，或者制造了不当噪音、灰尘等严重影响公民的正常生活，则其行为不合法。[①] 因此，警察在高空监控公民的住宅或庭院，必须符合三个条件方为合法：一是必须在合法的高度飞行，二是不能观察到公民的私密行为，三是不能有噪音和灰尘对公民造成物理侵入。若不符合其中任何一个条件，警察的行为不合法，侵犯了公民的权利。

通常情况下，在美国使用增强裸眼感知能力的望远镜或普通设备的照相拍摄器材进行监控或拍照，并不构成侵权，不需要获得搜查证。但是使用更为精密的设备则不一样。在道尔化学公司诉合众国案（*Dow Chemical Co* v. *United States*）[②] 中，警察使用非常精密的照相设施，自三百六十多米的高空对道尔化学公司的工厂进行拍照以搜索其是否存在违反空气污染规定的证据。代表多数意见的法院判决认为该案不属于搜查，没有侵害公民的权利。但从道尔案判决中可以看出法院对高空拍照有几方面的限制:（1）法院判决的基础是考虑到被拍照处所的位置是开放的工厂，如果是“直接毗邻私人住宅的区域，在这种区域中隐私期待是最高的”，结果将会有所不同;（2）法院还认为发现什么至关重要，指出“看不出任何直径半英尺那么小的物品，例如玻璃指环，也没有任何能够辨认出来的人脸或者若以该种方式取得则会涉及更严重隐私问题的秘密文件”;（3）如果涉及“公众

---

① Riley, 488 U. S. 445（1989）.

② Dow, 476 U. S. 227（1986）.

不常接触的高度复杂的监视，例如卫星技术”，则结果可能不同。[①] 言下之意，如果使用卫星等更为精密的拍照设备去监视公民的住宅等隐私空间，则构成侵权。

（二）热显像仪

热显像仪是一种能够探测目标物体表面温度差别的高科技设备，在美国已经作为技术侦查手段使用。

在 2001 年的凯丽欧案（*Kyoll* v. *United States*）中，美国联邦最高法院解释说，热显像仪是一种能够“探测到红外线辐射的仪器——几乎所有的物体都会发出红外线辐射，但是人类的肉眼却无法看到。热显像仪根据相对的温度将红外线辐射转化为影像……就此而言，它的工作原理有点像能够显示热影像的录像机”[②]。在凯丽欧案中，警察怀疑凯丽欧借助高热量灯具在家种植大麻。于是，警察将安装有热显像仪的汽车停在凯丽欧房屋的对面，然后热显像仪对凯丽欧居住的三层楼进行扫描。扫描结果显示，凯丽欧车库的屋顶和住宅的一堵墙壁的温度明显较室内其他部分高，并且远远高于邻室的温度。根据这一信息并结合其他证据，警察获得对凯丽欧房屋的搜查证，果然发现大麻。

利用热显像仪等测试温度的仪器对他人住宅进行监控，是否构成第四修正案意义上的搜查？从传统的眼光看，热显像仪仅仅是对房子所排放的热量进行检测，不存在物理意义上侵入，不应构成搜查行为。最终最高法

① 参见〔美〕伟恩·拉费弗等著：《刑事诉讼法》（上册），卞建林等译，中国政法大学出版社 2003 年版，第 152 页。

② Kyoll, 533 U. S. 27（2001）.

院以5比4的多数认为，热显像仪在公共街道上对私人住宅进行扫描，构成搜查。代表多数意见的斯卡利亚法官执笔表示，本案以热显像仪获得的“热电波”与1964年卡兹案警察装置窃听器获取的“音波”并无本质区别，本案也应以相同的法理处理，否则公民住宅的隐私保障将受高科技的左右。他在判决中指出：“如果政府使用技术手段——一般而言，该技术手段还尚未被大众普遍使用——探测住宅内部的活动细节，而在以前，这些信息如果不采取物理性侵犯的方式是不可能知悉的，那么，上述监控活动属于‘搜查’，而且，如果没有令状准许，应推定为不合理搜查。”① 住宅始终应是个人私密性与自治性最强的区域，住宅内的任何细节皆为私密细节。利用热显像仪等技术侦查手段对他人住宅进行“隐形”监控，住宅内的所有私密活动都能够观察到，这种窥视比起直接闯入他人住宅带给人更大的恐惧感。

凯丽欧案并未推翻以前的判决，警察行为是否构成违法，仍以是否侵犯公民的隐私合理期待为判断标准。而且本案反映出对住宅等核心隐私区域的重点保护，政府无论使用何种技术侦查手段，无论是否为一般人所普遍使用，只要据此获得公民住宅内讯息，侵犯公民隐私合理期待，均构成违法。

（三）电子追踪装置

警察通常使用电子装置（如“信号机”）追踪犯罪嫌疑人的活动。“信

①〔美〕约书亚·德雷斯勒等著：《美国刑事诉讼法精解（第一卷刑事侦查）》（第四版），吴宏耀译，北京大学出版社2009年版，第100页。

号机”是一个带电池的小型装置，它能够安装在犯罪嫌疑人车辆或者其随身携带的物品上，警察借助信号机发送的电波，可追踪到嫌疑人在公共场所及不同私人住所内的移动情况。美国联邦最高法院的两个案例表明了其对电子装置的态度。

在科诺茨案（*United States* v. *Knotts*）[①] 中，联邦调查局怀疑被告制造毒品，未取得合法令状，在被告携带的化学物品内装置信号机。警察借助信号机一直追踪被告的位置，最后信号机显示化学物品在一小屋外。警察依据这一信息向法院申请搜查令，对小屋进行了搜查。被告抗辩申请搜查令所依据的信息系违宪取得，即该信息是无证电子监控的产物，所以搜查令无效。联邦最高法院判决本案电子追踪行为不属于搜查活动，因为：第一，本案中被告的活动均在公共场所，警察的监视行动，不仅依赖信号机，也通过目视观察的方式进行。信号机所提供的信息，警察在公共场所或道路上通过目视观察也可得知。当被告行驶在公路上，已向他人透露其往来的动向。虽然警察曾使用信号机，但不影响警察目视跟踪行为的合法性。第二，信号机在本案非常有限地使用。本案的信号机只显示了被告在道路等公共场所的动向，并没有显示其在私人场所的动向，也未显示其于小屋内的活动。

在卡罗案（*United States* v. *Karo*）[②] 中，警察又无令状在某一容器内装置信号机，借助信号机发送的信息向法院申请搜查，并在被告家中发现毒品证据。被告也抗辩申请搜查令所依据的信息系违宪取得，搜查令无效。

---

① Knotts, 460 U.S. 276（1983）.

② Karo, 468 U.S. 705（1984）.

联邦最高法院判决本案警察的追踪行为系非法搜查，认定无效。本案与科诺茨案的不同之处在于，容器先后四次移往不同的地点，若无信号机，警察不可能通过目视观察的方式得知这些信息，特别是在最后一次由仓库转移到一私人住宅内。所以法院认为，警察无令状偷偷装置信号机，得到在住宅内或庭院内不可能通过目视的方式取得的信息，与偷偷进入他人住宅的行为相同，系对他人住宅隐私利益的严重威胁，“对已经从公共视野退入私人住宅的财产进行不分青红皂白的监控，将会对住宅内部的隐私利益产生非常严重的威胁，以至于无法完全游离于某种形式的第四修正案监督”[①]。因此，除有例外情形，应事先取得令状。

从美国联邦最高法院的两个案例可以看出，法院关于案件的分析较少考虑信号机的性质，更多地关注信号机往外输送信息的地点。法院对于安装电子追踪装置观察公民的行动是否合法的判断标准，在于其追踪行为是否侵犯公民的隐私权。如果警察以科学仪器监视公民及财产在公共场所的活动，因为没有侵犯公民的隐私权，不需要申请令状也是合法的；如果所装置的科学仪器显示公民在私人场所的活动或移动，因为侵犯公民的隐私权，则需要签发令状。而且联邦最高法院认为，装置信号机等电子追踪装置监视公民的行动，侵犯公民隐私利益的程度较搜查轻微，因此警察申请装置信号机时，仅需要向法院说明以下事项：1. 装置电子追踪器的物品为何；2. 装置电子追踪器的原因及情况；3. 装置电子追踪器的时间。由此可见，法院并没有明确表示申请令状的实质要件和标准。

①〔美〕约书亚·德雷斯勒等著:《美国刑事诉讼法精解（第一卷刑事侦查）》（第四版），吴宏耀译，北京大学出版社2009年版，第100页。

但是科诺茨案也带来一个问题，是否对于公民在“公共场所”的活动，就可以自由地进行持续性地监控？联邦最高法院也注意到这一问题，其在科诺茨案判决中提出：“如果最终出现了全面撒网式的做法，那么，到那个时候，才更适宜决定是否应当适用不同的宪法原则。”[①] 也就是说，当警察对公民进行全面持续性地监控行为出现后，法院届时将会以其他宪法法理决定其是否合法。至于依据什么法理基础，联邦最高法院尚未提出明确意见。

① Knotts, 460 U.S. 276（1983）.

第五章 我国技术侦查制度的规范现状与完善

一、我国现行法律规范对技术侦查措施的具体规定

基于技术侦查措施具有的高度秘密性和技术性，以及对公民隐私权的侵害性，各民主法治国家大多通过《宪法》或《刑事诉讼法》以及相关的法律规范，对技术侦查措施的具体条件与适用程序作出明确而严格的规定。在我国的法律体系中，2012年修订的《刑事诉讼法》是规范和制约国家侦查权适用的重要法律，其他单行法律、行政法规以及相关的司法解释也对技术侦查权力的行使作出了相应的规制。

（一）《刑事诉讼法》的规定

我国2012年修订的《刑事诉讼法》，在“侦查”一章中新增“技术侦查措施”一节，对技术侦查措施于第148条至152条作出专门规定。该节并未明确列举技术侦查措施的具体种类和手段，而是以一般性规定的形式，对技术侦查措施的适用范围、批准手续、有效期限、保密及用途限制等方面作出原则规范，并对隐匿身份侦查和控制下交付的适用范围及限制

作出特别规定。

（二）其他单行法的规定

《人民警察法》中有关于技术侦查措施的规定，《人民警察法》第 16 条规定，作为侦查机关的国家安全机关和公安机关，为了侦查案件的需要可以采取技术侦查（察）措施。[①] 虽然单行法中有技术侦查（察）措施的规定，但只是授予两机关有适用技术侦查措施的权力，再无其他程序规范，相关实施细则中也无细化规定，且国家安全机关和公安机关实施侦查行为的程序法依据为《刑事诉讼法》，在《刑事诉讼法》明确规定了“技术侦查措施”专节的情形下，当前研究技术侦查措施的立法依据显然为《刑事诉讼法》的相关规定。

（三）公安机关颁布的行政规章

《刑事诉讼法》修订后，大量与刑事诉讼相关的部门规章及解释都作了修订完善。公安机关作为侦查犯罪的重要国家机关，颁布了一系列与技术侦查相关的规定。其中，《公安机关规定》于 2012 年 12 月 13 日由公安部修订颁布，并于 2013 年 1 月 1 日起施行。《公安机关规定》在“侦查”一章中设有“技术侦查”一节，于第 254 至第 264 条对公安机关采取技术侦查措施作出较为详细的规定。其中，第 254 条明确规定了可以采取技术侦查措施的犯罪案件范围；第 255 条规定了技术侦查措施的种

① 《人民警察法》第 16 条规定：“公安机关因侦查犯罪的需要，根据国家有关规定，经过严格的批准手续，可以采取技术侦察措施。”

类及适用对象；第 256 条规定了采取技术侦查措施的具体程序；第 257 条规定了批准采取技术侦查措施决定的有效期限；第 258 条规定了采取技术侦查措施的正当程序要求；第 259 条、第 260 条规定了采取技术侦查措施收集材料的证据效力及形式要求；第 261 条规定了与技术侦查措施相关人员的保密义务；第 262 至第 264 条规定了隐匿身份侦查和控制下交付的适用范围及证据效力等问题。早在 2005 年公安机关就发布了《计算机犯罪现场勘验与电子证据检查规则》、《公安机关电子数据鉴定规则》等规定，用以规范电子数据证据的勘查取证与鉴定的程序和方法。由于技术侦查获得的证据形式多为电子数据，这些规则对于技术侦查证据的收集及审查判断提供了依据。

（四）《人民检察院刑事诉讼规则》的规定

2012 年 10 月 16 日最高人民检察院修订了《最高检规则》，在其中增设“技术侦查措施”一节，规定于 263 至 267 条。其中，第 263 条、264 条规定了人民检察院立案侦查以及追捕中可以采取技术侦查措施的案件范围；第 265 条规定了采取技术侦查措施的具体程序；第 266 条规定了技术侦查措施获取的证据材料的形式要求及保密措施；第 267 条规定了检察人员的保密义务及相关证据材料的限制性规定。

（五）有关司法解释的规定

人民法院作为审判机关，无侦查或侦查监督职责，其诉讼行为不会直接涉及技术侦查。然而对技术侦查获得的材料提交法院作为刑事案件审判证据时，人民法院需要进行证据合法性审查，就此意义而言人民法院的诉讼行为也与技术侦查措施相关。2010 年 7 月，两高三部联合实施的《死刑案件证据规定》第 35 条第 1 款对采用技术侦查措施收集的证据材料的证明力问题作出了规定:“侦查机关依照有关规定采用特殊侦查措施所收集的物证、书证及其他证据材料，经法庭查证属实，可以作为定案的根据。”这一规定表明立法对技术侦查措施（特殊侦查措施）及所取得证据的认可。2012 年修订的《最高人民法院关于适用〈中华人民共和国刑事诉讼法〉的解释》（以下简称《最高法解释》）对“视听资料、电子数据”等技术侦查措施通常获得的法定证据种类的审查作出规定。① 该解释第 107 条② 还对采取技术侦查措施收集的证据材料的法庭调查程序，以及法庭审判中的保密问题作出规定。

二、我国立法对技术侦查措施的制约

为了规范技术侦查措施，防止技术侦查措施的滥用，保护公民的合法权益，侦查机关采取技术侦查措施必须也必然要受到严格的约束。我国在将“技术侦查措施”规定于《刑事诉讼法》的同时即从多方面对技术侦查措施的适用予以约束。

---

①《最高法解释》第 92 条规定:“对视听资料应当着重审查以下内容:（一）是否附有提取过程的说明，来源是否合法……”第 93 条规定:“对电子邮件、电子数据交换、网上聊天记录、博客、微博客、手机短信、电子签名、域名等电子数据，应当着重审查以下内容:……（二）收集程序、方式是否符合法律及有关技术规范……”

②《最高法解释》第 107 条规定:“采取技术侦查措施收集的证据材料，经当庭出示、辨认、质证等法庭调查程序查证属实的，可以作为定案的根据。使用前款规定的证据可能危及有关人员的人身安全，或者可能产生其他严重后果的，法庭应当采取不暴露有关人员身份、技术方法等保护措施，必要时，审判人员可以在庭外核实。”

（一）具体制度的制约

1. 适用案件的制约

《刑事诉讼法》第 148 条规定，公安机关对于危害国家安全犯罪、恐怖活动犯罪、黑社会性质的组织犯罪、重大毒品犯罪或者其他严重危害社会的犯罪案件，可以采取技术侦查措施。人民检察院对于重大的贪污、贿赂犯罪案件以及利用职权实施的严重侵犯公民人身权利的重大犯罪案件，可以采取技术侦查措施。追捕被通缉或者批准、决定逮捕的在逃的犯罪嫌疑人、被告人，可以采取追捕所必需的技术侦查措施。第 151 条第 2 款规定，对涉及给付毒品等违禁品或者财物的犯罪活动，公安机关可以依照规定实施控制下交付。

根据《刑事诉讼法》的规定，公安部和最高人民检察院对技术侦查措施的适用案件范围作出了更为明确的规定。《公安机关规定》第 254 条第 1 款规定，公安机关可以对下列严重危害社会的犯罪案件采取技术侦查措施：（一）危害国家安全犯罪、恐怖活动犯罪、黑社会性质的组织犯罪、重大毒品犯罪案件；（二）故意杀人、故意伤害致人重伤或者死亡、强奸、抢劫、绑架、放火、爆炸、投放危险物质等严重暴力犯罪案件；（三）集团性、系列性、跨区域性重大犯罪案件；（四）利用电信、计算机网络、寄递渠道等实施的重大犯罪案件，以及针对计算机网络实施的重大犯罪案件；（五）其他严重危害社会的犯罪案件，依法可能判处七年以上有期徒刑的。第 263 条规定，为查明参与犯罪的人员和犯罪事实，对涉及给付毒品等违禁品或者财物的犯罪活动，可以实施控制下交付。《最高检规则》第 263 条规定，人民检察院对于涉案数额在十万元以上、采取其他方法难以收集证据的重大贪污、贿赂犯罪案件以及利用职权实施的严重侵犯公民人身权利的重大犯罪案件，可以采取技术侦查措施。本条规定的贪污、贿赂犯罪包括刑法分则第八章规定的贪污罪、受贿罪、单位受贿罪、行贿罪、对单位行贿罪、介绍贿赂罪、单位行贿罪、利用影响力受贿罪。利用职权实施的严重侵犯公民人身权利的重大犯罪案件包括有重大社会影响的、造成严重后果的或者情节特别严重的非法拘禁、非法搜查、刑讯逼供、暴力取证、虐待被监管人、报复陷害等案件。

统观《刑事诉讼法》及公安部、最高人民检察院的相关规定，技术侦查措施适用于“严重危害社会”的犯罪案件。公安机关侦查的案件，底线在于“依法可能判处七年以上有期徒刑”，检察机关侦查的案件，底线在于“涉案数额在十万元以上”或具备“有重大社会影响的、造成严重后果的或者情节特别严重”等情形。如此规定的初衷，我们之前已有相关论述，是因为技术侦查措施与其他侦查行为虽然都具有公权力的属性，但与其他侦查行为相比，技术侦查措施具有更强的“私权侵入性”，对公民合法权益的威胁更大。在面对犯罪侵害和公权力对私权构成侵害这两大威胁时，只能“两害相权取其轻”，因此，就技术侦查措施的适用范围上不应适用于所有刑事案件，而必须给予“重罪原则”的限制，保证采取技术侦查措施对公民隐私权的侵害小于犯罪对社会所造成的危害，这也是技术侦查措施存在的正当性依据。

2. 适用对象的制约

对于技术侦查措施的适用，只能针对特定的对象。《刑事诉讼法》第150条规定，采取技术侦查措施，必须严格按照批准的措施种类、适用对象和期限执行。第151条规定，适用隐匿身份侦查，不得诱使他人犯罪。

隐藏身份侦查，比如诱惑侦查等只能是机会提供型，不能有犯意诱发型。适用的对象必须是有证据证明正在准备实施犯罪的人员，不能引诱清白的公民实施犯罪。《公安机关规定》第 254 条第 2 款规定:“公安机关追捕被通缉或者批准、决定逮捕的在逃的犯罪嫌疑人、被告人，可以采取追捕所必需的技术侦查措施。”第 255 条第 2 款规定:“技术侦查措施的适用对象是犯罪嫌疑人、被告人以及与犯罪活动直接关联的人员。”《最高检规则》第 264 条规定:“人民检察院办理直接受理立案侦查的案件，需要追捕被通缉或者批准、决定逮捕的在逃的犯罪嫌疑人、被告人的，经过批准，可以采取追捕所必需的技术侦查措施，不受本规则第二百六十三条规定的案件范围的限制。”

根据上述规定，技术侦查措施的适用对象限定于特定案件范围内的犯罪嫌疑人、被告人及与犯罪活动直接关联的人，或被通缉、批准决定逮捕的犯罪嫌疑人、被告人。未与犯罪活动直接发生关联关系的人，侦查机关不得作为适用对象对其采取技术侦查措施。所谓“与犯罪活动直接关联的人”，应理解为虽没有犯罪嫌疑，未被列入犯罪嫌疑人、被告人的范围，但正在侦查的犯罪活动与其存在直接的紧密的事实联系。如刘某为境外某机构所收买，长期秘密窃取机要人员张某所掌管的国家秘密提供给境外机构，并定期将境外机构所付“报酬”寄给父母。本案中的机要人员张某即为“与犯罪活动直接关联的人”，刘某的父母则不属于“与犯罪活动直接关联的人”。

3. 适用程序的限制

适用技术侦查措施，必须严格按照法律规定的程序进行。

（1）技术侦查措施的适用，需要获得相应的批准。《刑事诉讼法》

第 148 条规定，对特定范围的案件适用技术侦查措施需要“经过严格的批准手续”方可采取；采取技术侦查措施追捕被通缉或者批准、决定逮捕的在逃的犯罪嫌疑人、被告人，需要“经过批准”。第 151 条规定，“经公安机关负责人决定，可以由有关人员隐匿其身份实施侦查”。《最高检规则》亦对技术侦查措施的采取规定了相应程序，该司法解释第 265 条规定，“人民检察院采取技术侦查措施应当根据侦查犯罪的需要，确定采取技术侦查措施的种类和适用对象，按照有关规定报请批准”。《公安机关规定》则在第 256 条详细规定了“严格的批准手续”是经过“设区的市一级以上公安机关负责人批准”。[①] 第 258 条还规定，在有效期限内，需要变更技术侦查措施种类或者适用对象的，应当重新办理批准手续。

（2）《刑事诉讼法》对采取技术侦查措施的有效期限作出了规定。该法第 149 条规定，采取技术侦查措施的批准决定自签发之日起三个月以内有效。对于复杂、疑难案件，期限届满仍有必要继续采取技术侦查措施的，经过批准，有效期可以延长，但每次不得超过三个月。《最高检规则》

①《公安机关规定》第 256 条规定："需要采取技术侦查措施的，应当制作呈请采取技术侦查措施报告书，报设区的市一级以上公安机关负责人批准，制作采取技术侦查措施决定书。人民检察院等部门决定采取技术侦查措施，交公安机关执行的，由设区的市一级以上公安机关按照规定办理相关手续后，交负责技术侦查的部门执行，并将执行情况通知人民检察院等部门。"

第265条[①]和《公安机关规定》第257条[②]均对技术侦查措施的适用期限作出了规定。

我国关于技术侦查措施的立法最早见于1993年《国家安全法》，该法即已规定需“经过严格的批准手续”才可采取技术侦查（察）措施。然而，怎样才是“严格的批准手续”，直至2012年《刑事诉讼法》修订且“技术侦查措施”已在《刑事诉讼法》中以专节进行规制，这一问题也未在立法层面给予明确，只是在司法解释及公安部规章层面对具体程序有较详细规定。虽然我国技术侦查措施的采取有了审批程序上的依据与保障，但这种审批只是自己内部的上级官员的审查批准，是一种行政性的审批，缺乏中立机关的审查和批准，容易导致技术侦查措施的滥用。

4. 技术侦查获取证据使用方式的限制

技术侦查措施最主要的特征是其科技性及隐秘性，因此，相关人员的身份、技术侦查的具体技术方法等方面的保密具有必要性，尤其是隐匿身份侦查和控制下交付，相关人员的身份信息与人身安全及侦查活动的正常开展具有直接联系，因此，对技术侦查所获取证据的使用必须给予规范。

---

①《最高检规则》第265条规定，人民检察院采取技术侦查措施，批准决定自签发之日起三个月以内有效。对于复杂、疑难案件，期限届满仍有必要继续采取技术侦查措施的，应当在期限届满前十日以内制作呈请延长技术侦查措施期限报告书，写明延长的期限及理由，经过原批准机关批准，有效期可以延长，每次不得超过三个月。

②《公安机关规定》第257条规定：“批准采取技术侦查措施的决定自签发之日起三个月以内有效。在有效期限内，对不需要继续采取技术侦查措施的，办案部门应当立即书面通知负责技术侦查的部门解除技术侦查措施；负责技术侦查的部门认为需要解除技术侦查措施的，报批准机关负责人批准，制作解除技术侦查措施决定书，并及时通知办案部门。对复杂、疑难案件，采取技术侦查措施的有效期限届满仍需要继续采取技术侦查措施的，经负责技术侦查的部门审核后，报批准机关负责人批准，制作延长技术侦查措施期限决定书。批准延长期限，每次不得超过三个月。有效期限届满，负责技术侦查的部门应当立即解除技术侦查措施。”

对此,《刑事诉讼法》第 150 条第 3 款规定:“采取技术侦查措施获取的材料,只能用于对犯罪的侦查、起诉和审判,不得用于其他用途。”第 152 条规定:“依照本节规定采取侦查措施收集的材料在刑事诉讼中可以作为证据使用。如果使用该证据可能危及有关人员的人身安全,或者可能产生其他严重后果的,应当采取不暴露有关人员身份、技术方法等保护措施,必要的时候,可以由审判人员在庭外对证据进行核实。”在《刑事诉讼法》规定的基础上,《公安机关规定》、《最高检规则》与《最高法解释》也分别就技术侦查获取证据使用方式的限制作出了类似的明确规定。

(二)我国侦查机关采取技术侦查措施所负法定义务

制度框架上的制约意味着法律规范对侦查机关实施具体技术侦查行为的约束,易言之,侦查机关采取技术侦查措施时必然依法负有一定义务。根据立法及相关解释的具体规定,我国刑事侦查机关适用技术侦查措施时负有如下法定义务。

1. 遵守法定程序的义务

程序法定是正当程序的重要组成部分。正当程序,即正当法律程序,指“通过法庭审判的正规执法过程。在每个特定案件中,正当法律程序都意味着按照法律允许或者要求的既定箴言并按照这些箴言为特定案件规定的对个人权利的保障来行使政府权力”①。我国法治进步在刑事诉讼领域的重要体现之一即为从实体正义向正当程序观念的转变,这一转变既体现为立法上的完善,亦表现在诉讼参与机关对程序合法性的重视与遵守。技术

① Henry Campbell Black, BLACK’S LAW DICTIONARY, 5th ed., St. Paul Minn., West Publishing Co., p449.

侦查措施的隐秘性、易侵权性特点决定了采取技术侦查措施与其他侦查行为相比必须有程序法上更为严格的控制。因此，正当程序原则虽贯穿刑事诉讼始终，但在技术侦查活动中仍须格外强调侦查机关所负的正当程序义务。

在刑事侦查程序中，正当程序原则对侦查程序控制的主要原则有：程序法定原则、比例原则、司法审查原则、权利救济原则。[①]程序法定是其中的首要内容。程序法定原则，又称法律保留原则或法律授权原则，指国家如果要实施侦查行为，进而干预、侵犯公民的基本权利时，必须要有法律的授权规定，并且在程序进行中必须严格遵守法律设定的要件限制，否则就属于违法侵害公民基本权利的行为。[②]在立法上，我国《刑事诉讼法》对侦查机关采取技术侦查措施规定了更加严格的程序要求；在刑事侦查实践中，即使在整个刑事诉讼程序中都更加强调正当程序的背景下，仍应特别强调与技术侦查措施相关的诉讼行为必须严格遵循程序法定。就技术侦查措施而言，程序法定指侦查机关在技术侦查活动中应严格依照法律规定的技术侦查措施种类、遵循一定的步骤和方法，不得违背程序法的规定进行技术侦查活动。根据我国目前法律规定，侦查机关在采取技术侦查措施时应当遵守的法定程序包括采取技术侦查措施前的批准程序、采取技术侦查措施的具体执行程序、技术侦查措施期限届满的延长程序，以及技术侦查获取的相关材料的入卷、销毁程序等。

---

① 参见樊崇义等著:《正当法律程序研究——以刑事诉讼程序为视角》，中国人民公安大学出版社 2005 年版，第 205—208 页。

② 参见樊崇义等著:《正当法律程序研究——以刑事诉讼程序为视角》，中国人民公安大学出版社 2005 年版，第 205 页。

2. 信息使用限制义务

此处所指信息限制之“信息”，指在技术侦查过程中获得的信息及信息载体，其中包括由技术侦查措施所收集的证据材料中记载的信息及其载体，也包括不作为证据使用的信息及载体。就信息的范围而言，首先，包括国家秘密、商业秘密、个人隐私等信息；其次，包括与有关人员人身安全相关的信息以及其他应当进行使用限制的信息。此外，由技术侦查措施收集的无关国家秘密、商业秘密、个人隐私、相关人员人身安全的一般信息，亦应包括在范围之内。

侦查人员对由技术侦查措施收集的信息的利用必须遵守《刑事诉讼法》的限制性规定。根据《刑事诉讼法》及相关司法解释、部门规章，信息使用限制义务包括:（1）保密义务。采用技术侦查措施进行案件侦查时，侦查人员可能收集到一些有关国家秘密、商业秘密和个人隐私等证据材料，无论与案件有关或无关，都应当保密。（2）销毁义务。侦查机关适用技术侦查措施获取的证据材料，如果有些与案件无关，应当及时销毁，并制作销毁记录，不得泄露。（3）诉讼中的信息限制义务。为了保障侦查人员的人身安全，对于采取秘密侦查手段收集的材料，如果作为刑事诉讼中证据使用，可能危及有关人员的人身安全，或者可能产生其他严重后果的，应当采取不暴露有关人员身份、技术方法等保护措施，必要的时候，可以由审判人员在庭外对证据进行核实。（4）使用范围限制义务。在案件侦查过程中，采用技术侦查措施收集的材料，不得用于其他用途，只能用于对犯罪的侦查、起诉和审判的证据。

3. 及时解除义务

我国《刑事诉讼法》对技术侦查措施适用的有效期限作出了规定，一般来说其有效期是自签发批准决定之日起三个月；如果期满后仍需采取技术侦查措施的，可以延长，但每次延长期限也不得超过三个月。上述规定是就技术侦查措施有效期的上限作出规范，即技术侦查措施一次批准的有效期不得超过三个月，而实际办理案件过程中，可能出现技术侦查措施有效期未满即已实现了预期侦查目标的情形，且某些技术侦查措施不会自动停止而必须以积极行动解除。正是针对这些情况，刑事诉讼法对有效期届满时或届满前这两种情形均明文规定了办案部门的及时解除义务。具体来说，及时解除义务包括以下内容:（1）期限届满的情形。如果侦查部门适用的技术侦查措施有效期届满，应当立即解除技术侦查措施。（2）期限未满的情形。侦查机关适用的技术侦查措施期限未满，但不需要继续适用该措施，此时侦查机关应当立即解除技术侦查措施。解除应当采取书面形式通知负责技术侦查的部门，由负责技术侦查的部门报批准机关负责人批准，并制作解除技术侦查措施决定书。

4. 隐匿身份侦查时的特殊限制义务

隐匿身份侦查指侦查机关基于侦查的必要性，经法定程序批准后选派侦查人员或其他公民隐匿真实身份，通过身份欺骗采取接近侦查对象、深入犯罪组织内部、提供犯罪条件等方法获取犯罪信息、进行侦查取证的活动，包括贴靠侦查、卧底侦查、诱惑侦查等形式。在国外，如美国，我们前文亦述及，诱惑侦查等特殊的侦查形式是合法的，美国联邦最高法院也承认政府可以使用“线人”进行侦查活动，允许侦查机关及人员给嫌疑人提供犯罪机会或便利，允许使用策略和计谋抓获犯罪人。但在美国“警察圈套”是不允许的，美国在诱惑侦查中不能向无犯罪意图的人灌输犯罪倾向，诱使他人犯罪，否则，被指控犯罪的人可以提出“警察圈套”进行抗辩。

我国的隐匿身份侦查范围包括诱惑侦查，《刑事诉讼法》第151条第1款[①]对隐匿身份侦查也作了与美国联邦最高法院诱惑侦查合法性判断标准相类似的规定。这一规定，是侦查机关实施隐匿身份侦查时必须遵守的特殊限制义务。

三、我国技术侦查制度中隐私权保护的完善

虽然2012年修订的《刑事诉讼法》和相关解释对我国技术侦查制度作出了比较完备的规定，但在隐私权保障方面仍然存在着司法审查制度缺失、具体程序规定笼统、事后救济程序不足的缺陷。我们认为，从信息社会个人隐私权基本人权地位出发，我国刑事诉讼法规定的技术侦查行为必须受到规制，这种规制应该通过刑事诉讼法律规范实现，目标是谦抑行使公权力，始终不侵犯个人隐私权，由此决定了我国刑事诉讼法对技术侦查的规范应当从事前、事中和事后进行完善。

（一）确立技术侦查制度中隐私权保护的事前令状原则

我国《刑事诉讼法》没有明确规定适用技术侦查措施审批机关的级别及批准程序，只是较为笼统地规定实施技术侦查必须经过严格的批准，实施隐匿身份侦查和控制下交付须经公安机关负责人决定并由公安机关执行。公安部和最高人民检察院的相关解释也仅规定需要采取技术侦查措施

①《刑事诉讼法》第151条第1款规定，不得诱使他人犯罪，不得采用可能危害公共安全或者发生重大人身危险的方法。

的，由公安机关和检察机关内部负责人批准，没有建立由第三方进行审查许可的制度，因此我国技术侦查措施的审批程序还需进一步完善。

1. 确定技术侦查措施中隐私权保护的令状原则

令状原则，又称令状主义，是指在进行强制侦查行为时，必须由法院或法官判断该强制侦查行为是否合法并签署命令；执行时必须向相对人出示该命令。[①] 令状原则是对强制侦查行为进行有效规制的具体保障制度，只有在法定情况下依据法定程序才能允许强制侦查。当今世界许多国家的刑事诉讼程序都确立了令状原则，体现了强制侦查法定主义的精神。德国法学家认为，允许以强制性侵犯公民权利时，关键的是一方面必须对国家权力的强制权明确地予以划分与限制，另一方面必须由法院对强制性措施进行审查，使公民由此享受到有效的法律保障。[②] 要求对强制侦查实行令状主义，其目的在于由中立第三方就强制侦查的理由和必要性进行审查并作出公正判断，防止强制侦查的滥用。

我国《刑事诉讼法》中规定的三类技术侦查措施，均具有在特定期间内持续实施的特性，在较长时间内有侵害相对人隐私权的危险。这种隐私权的侵害不受有形空间的限制：技术侦查措施具有秘密性的特点，适用时未告知相对人，也未取得相对人的同意。相对人在技术侦查措施实施过程中，通常并不知晓其私生活已被他人监控，其隐私已遭侵入，也未给予其防御的机会，相对人不能聘请律师，不能为自己作辩解。技术侦查措施在适用时，除相对人以外，往往还可能同时侵害无辜第三者如同住家庭成员

① 参见宋英辉著：《刑事诉讼原理》，法律出版社2003年版，第272页。

② 参见《德国刑事诉讼法典》，李昌珂译，中国政法大学出版社1995年版，中译本引言第6页。

的隐私权。

技术侦查措施的适用采取令状主义，与侦查人员个人品行素养无关，而是制度设置的要求。因为技术侦查措施这种强制侦查行为侵害公民基本权利的程度强烈，范围广泛，且国家在适用技术侦查措施时为实现其侦查目的，也不会给予相对人防御的机会。所以，为制衡侦查机关的技术侦查措施，将其限制在法律的框架内，防止不必要的侵害，则需要由中立的第三方对该措施的必要性进行事前审查，以书面形式对其适用的对象、时间、范围等进行批准，以明确确定其界限。

2. 我国技术侦查审批程序的路径选择

我国刑事审前程序中，法律要求所有的强制性侦查都必须依据有权机关签发的文件实施。但是，我国强制侦查所签发的文件一般是由侦查机关自己决定并执行，没有第三方的审查。对于令状由谁签发，域外大多国家和地区普遍建立由法官颁发许可令的“令状制度”；少数国家或地区采取二分模式，即“侦查中——检察官审查；审判中——法官审查”。[①] 对于我国技术侦查措施的适用由谁批准，我们则建议在现有体制下，由检察机关对侦查机关的技术侦查行为进行审批，由上一级检察机关对下一级检察机关的技术侦查行为进行审批。

提出这样的建议是基于我国检察机关的宪法地位的考量。西方国家由法院对侦查行为进行司法审查，是以三权分立学说为基础建立起来的侦查监督机制。在这些国家，检察权或属于司法权，或者在权力谱系上

---

① 如我国台湾地区现行立法关于事前审查的规定，即是采取二分法模式。参见林钰雄著:《刑事诉讼法（上册）》，中国人民大学出版社 2005 年版，第 237 页。

隶属于司法部，具有行政机关的性质。但我国宪法规定，人民检察院是国家的法律监督机关，是在权力机关领导下与行政机关、审判机关和军事机关并列的国家机关。检察权在国家权力架构中是独立于行政权和审判权的一种法律监督权。

具体到刑事诉讼中的侦查监督，行使监督权力的检察机关必须具有比被监督者更高的法律地位、具有高度专业的法律监督能力。警察制度从产生之日起，就是以维护社会治安为基本准则，而检察制度诞生后随着法治的推进则逐步演变为“法律守护人”的角色。从法治的精神来看，检察制度创设的根本目的在于通过限制权力实现权利保障。[①] 德国法学家萨维尼在谈及警察权力滥用的危险同时指出，“检察官的根本任务，应为杜绝此等流弊并在警察行动时赋予其法的基础，如此一来，这一新的创制（指检察官）才能在人民眼中获得最好的支持”。而完成这一创制并实现检察官对警察法律控制的一个要点，就是将检察官与警察适当分离，以形成一种制约关系。[②]

在我国现有的法制框架内，检察机关承担着对侦查行为的监督职能。这一职能主要体现在三个方面：其一，对侦查机关立案活动的监督。侦查机关是立案权的法定主体，但是要受到检察机关的监督。检察机关认为侦查机关应当立案而未立案，有权要求其说明理由，并通知其纠正。其二，检察机关对侦查机关侦查行为的监督，集中体现在逮捕批准方面。检察机关发现侦查机关或者侦查人员在侦查中决定、执行、变

① 参见徐鹤喃：“刑事诉讼监督与人权保障”，载《检察日报》2004 年 2 月 24 日。

② 参见龙宗智：“评‘检警一体化’——兼论我国的检警关系”，《法学研究》2000 年第 2 期。

更、撤销强制措施等活动中有违法行为的，应当及时提出纠正意见。对于需要逮捕的犯罪嫌疑人只有经检察机关批准方可执行逮捕。其三，检察机关对侦查机关行为合法性的审查。从制度设计上看，我国现有体制下已经将监督权赋予检察机关，因此没有必要一定要将技术侦查行为的审批权交给法院或法官。保留现行制度下检察机关的职权，设计检察机关对技术侦查措施的审批权，加强检察机关对侦查活动的监督，完善侦查监督制度，是符合宪法规定的选择。

（二）确立技术侦查措施与隐私权保护边界的基本原则：比例原则

我国《刑事诉讼法》对技术侦查的程序规定过于笼统，技术侦查措施的申请主体、申请方式、适用地点等都没有具体规定。《公安机关规定》第257条[①]虽有规定，但这一规定显然更有利于执行技术侦查，而没有考量技术侦查可能侵犯的个人隐私利益。这种规定如果和快速侦破案件的要求相结合，技术侦查所涉及的个人隐私权就会成为不用考量的因素。当科技发展不断改进侦查的技术手段，不断提高破案的比率和速率时，值得我们警示和重视的是技术侦查权力的边界与隐私权保护的问题。鉴于隐私权的基本人权地位，其始终对抗公权力的侵入和侵犯，无论技术侦查的公共利益性有多强，都不能超越隐私权保护的边界。

---

① 公安部《公安机关规定》第257条规定，交公安机关执行的，由设区的市一级以上公安机关按照规定办理相关手续后，交负责技术侦查的部门执行，并将执行情况通知人民检察院等部门。批准采取技术侦查措施的决定自签发之日起三个月以内有效。必要时可延长技术侦查措施的期限，延长期限每次不得超过三个月。有效期限届满，负责技术侦查的部门应当立即解除技术侦查措施。

1. 比例原则概述

比例原则是一项非常重要的宪政原则，也是当代法治国家在行使国家权力时应当遵循的具体行为准则，其着眼点在于解决国家权力与公民权利间的平衡关系。比例原则的核心是，要求国家机关行使权力时所采用的干预公民权利的手段与其所追求的目的之间具有合理的相当性关系。比例原则是国家干预公民基本权利时应当遵循的基本原则，其对技术侦查措施在立法层次与司法层次的约束尤为重要。

现代法意义上的比例原则于德国正式诞生。1794 年《普鲁士一般邦法》第 10 章第 17 条规定，“警察任务限于危害防御，所谓福利促进不属于警察任务范围。警察机关为了维护公共安宁、安全与秩序，必须为必要之处置”。1802 年德国学者所著的《德国警察法手册》一书，已经明明白白地提及，警察之权力唯在必要时可以实行之。[①] 真正使比例原则成为实践中有效的法律原则的，却是以 1882 年普鲁士高等法院作出的“十字架山”判决为代表的行政法院的判决。此后，《普鲁士一般邦法》中所确立的必要性原则获得了实际的法律效力，其他德国各邦及联邦法院也相继认同与继受了普鲁士高等行政法院的见解，比例原则中的必要性原则得以奠定。[②] 此后，经过多年的理论研究与实践发展，比例原则之内涵及其中三个子原则——适当性原则、必要性原则及相称性原则得以确立及广泛认可。

通说认为，比例原则所包括的三个子原则的内涵如下：（1）适当性原则，又可称为适合性原则。适当性原则要求国家机关为实现某一特定目的

① 参见陈新明著：《德国公法学基础理论（下）》，山东人民出版社 2001 年版，第 376 页。

② 参见秦策：“刑事诉讼比例原则研究”，中国政法大学 2008 年博士学位论文。

所采用的方法，必须适合或有助于实现该目的。具体来说，首先，手段应当是正确的；其次，所采用的手段有助于实现目的；最后，目的也应当是正确的。（2）必要性原则，又可称为最小干预原则。必要性原则要求国家机关为实现其特定目的而采取的手段，只有不能选择其他同样有效且侵害权利更小的手段时，采用该手段才被视为是必要的。具体到刑事案件的侦查中，也就是说，除了已经采取的侦查措施外，再也没有其他任何措施既能实现侦查的目的又不会给公民带来更大的侵害来取代这项侦查措施，此时，则已采取的侦查措施符合必要性原则。（3）相称性原则，又称狭义比例原则，是指国家机关所采取的措施与其所达到的目的之间必须合乎比例地相称。具体来说，国家机关采取技术侦查手段时，其手段的强度不应超过实现目的所需要的范围；技术侦查措施所侵害的公民的权利不应当超过侦查犯罪所要维护的公共利益。面对多种利益时，应当权衡选择维护最优先的法益。

2. 应以比例原则作为确定技术侦查措施与隐私权保护边界的基本原则

刑事侦查权是一国刑事管辖权的重要组成部分，侦查机关进行侦查活动时，侦查措施的采取可能与公民权利发生冲突，如刑事侦查中常见的搜查、查封、扣押等侦查措施，必然对民众的人身权、财产权造成不利影响。技术侦查措施是一种特殊的侦查措施，与搜查、查封、扣押等侦查行为相比，技术侦查措施不仅同样影响公民权利，而且由于其具有秘密性、技术性等特征，技术侦查措施比常规的侦查行为对公民权利尤其是隐私权构成更大的威胁。因此，如何实现技术侦查措施与隐私权保护二者间的平衡、以什么标准确定技术侦查措施与公民隐私权之间的保护边界，就成为刑事诉讼司法实践中必须面对和解决的问题。

作为公法原则，比例原则也是正当程序所要求的基本原则之一。当代英国大法官丹宁勋爵说：“我所说的经‘法律的正当程序’，系指法律为了保持日常司法工作的纯洁性而认可的各种方法：促进审判和调查公正地进行，逮捕和搜查适当地采用，法律援助顺利地取得，以及消除不必要的延误，等等。”[①] 可见，“法律的正当程序”是通过强制性措施的适当采用、调查的公正进行、不必要的延误的消除等种种细节来实现。这一过程中，比例原则应当贯彻始终。在侦查环节，比例原则亦为当然原则之一。如日本《刑事诉讼法》第197条规定，为了达到侦查的目的，可以进行必要的侦查。这一规定体现的实际上就是任意侦查中的必要性原则即比例原则。因为任意侦查方法没有在法律上事先全部予以规定，对于任意侦查的判断需要有一定的标准，有学者提出判断任意侦查也应当考虑“必要性、紧急性、适当性”三个要素。[②]《俄罗斯联邦刑事诉讼法典》第164条规定，不允许实施夜间侦查行为，刻不容缓的情况除外。[③] 该条文对夜间侦查行为规定了一般情况下的禁止及紧急情形的例外，前者体现了对侦查这一行使国家公权力行为的立法制约，后者则是比例原则的实际运用，允许已存在必要性和合理性的特殊情况下，侦查机关突破禁止性规定实施夜间侦查行为。总体而言，就侦查阶段来说，我们认为比例原则应体现如下：侦查机关进行侦查时，对影响公民权利的侦查措施的采取，应考虑涉嫌犯罪社会危害性的大小、侦查情形的紧急与否、侦查措施对公民权利影响大小等多

①〔英〕丹宁著：《法律的正当程序》，李克强等译，法律出版社2011年第2版，第2页。

② 参见〔日〕田口守一著：《刑事诉讼法》，刘迪等译，法律出版社2000年版，第30页。

③《俄罗斯联邦刑事诉讼法典（新版）》，黄道秀译，中国人民公安大学出版社2006年版，第151页，第163—168页。

方面因素，全面权衡措施采取的必要性，只有在侦查行为对打击犯罪、保护社会秩序所起积极作用与其干预公民权利的负面影响相比，前者明显相比后者更为显著，即二者间具有合理的相当性关系时，才可以采取相关侦查措施。

根据《刑事诉讼法》及相关法律法规的规定，我国技术侦查措施主要包括监控类技术侦查措施、隐匿身份侦查措施及控制下交付三种。三种技术侦查措施均与公民的隐私权具有关联，尤其是监控类技术侦查措施，与公民隐私权可称为存在正面的直接利益冲突。此时，如何能够一方面使技术侦查措施在刑事案件的侦查中发挥其应有作用，另一方面实现公民隐私权之法律保护，做到二者同时兼顾？具体案件处理时应以什么标准平衡二者间的关系？我国《刑事诉讼法》对技术侦查措施适用时均规定“为了侦查案件的需要”或者“必要时”等抽象字句。由于规范性文件只能就办案程序作出具有普遍适用性的规定，具体案件中仍然需要依靠办案人员对法律条款的理解作出具体处理，此时，作为正当程序重要组成部分的比例原则就应当成为确定技术侦查措施与公民隐私权利益平衡的依据。在具体案件的法律解释及个案处理上，侦查人员应当运用比例原则，就技术侦查措施影响公民隐私权时技术侦查措施的采取是否具有适当性、必要性、相称性进行判断，从而防止技术侦查措施对公民权利的潜在威胁变为不应发生的实际侵害。

3. 技术侦查措施中影响隐私权保护边界的主要因素

比例原则的适用“根本不是一个稳定不变的标准，而是一个在保护不同利益的不同场景中，变化审查强度要求的灵活的标准"[①]。标准变化的核心是手段与目的之间正当性的论证。刑事案件的侦破本就具有犯罪嫌疑人可能不确定、侦破良机稍纵即逝等不确定因素，此时，在技术侦查措施的采取与公民隐私权保护的平衡过程中，在确定具体技术侦查措施中隐私权保护边界时，难以给出一个简单的确切边界标准，而是应当考虑技术侦查措施的种类、隐私权主体、隐私权内容、所涉犯罪社会危害性大小等多个因素，综合确定隐私权在技术侦查措施中的合理保护边界。我们认为，对技术侦查措施中隐私权保护边界的确定存在重要影响的因素包括以下几个。

（1）技术侦查措施的类型

我国技术侦查措施主要包括监控类技术侦查措施、隐匿身份侦查措施及控制下交付三种。三种措施中，监控类技术侦查措施包括监听、技术追踪、视频监控、网络监控、通信监控等多种方式，是技术侦查措施中对公民隐私权构成威胁的主要内容。隐匿身份侦查及控制下交付措施的实施过程中可能同时并存监控类侦查措施，除此之外，隐匿身份侦查及控制下交付还涉及侦查人员或"线人"等隐匿身份人员的隐私权保护问题。可见，不同的技术侦查措施对隐私权的影响程度及对象不同，在确定隐私权保护边界时必须考虑技术侦查措施的类型与内容等因素。

（2）所涉犯罪严重程度

根据《刑事诉讼法》第 148 条和第 151 条的规定，技术侦查措施适用

---

① Tak is Tridimas Proportionality in Community Law: Searching for the Appropriate Standard of Scrutiny in Evelyn Ellis（eds）. Supranote 5 p69. 转引自蒋红珍、王茜："比例原则审查强度的类型化操作——以欧盟法判决为解读文本"，《政法论坛》2009 年第 1 期。

的犯罪案件限于以危害国家安全犯罪、恐怖活动犯罪等为代表的严重危害社会的案件或重大的职务犯罪案件以及毒品类案件，或适用于在逃犯罪嫌疑人、被告人的追捕，一般的刑事犯罪排除技术侦查措施的适用。需要注意的是，即使在技术侦查措施适用范围内的犯罪，不同案件的社会危害程度也存在轻重之别；同样是被追捕的犯罪嫌疑人、被告人，其人身危险性大小也不等，所涉犯罪轻重也不同。此时，按照相称性原则的要求，确定技术侦查措施与公民隐私权的合理边界亦应具体情况具体分析，区别对待。

（3）隐私权内容

隐私权的内容，学界存在三种观点：第一种，仅限于保护不愿公开或告人的个人事情（即私人信息），称之为“信息说”；第二种，限于保护私人生活不受侵扰（即私生活安宁）与私人信息，称之为“信息安宁说”；第三种，保护的内容包括个人信息、个人生活与个人私事决定，称为“信息＋安宁＋决定说”。[①] 从侵权法视角来说，隐私权的内容采第二种学说较为恰当，然而从我们所研究之视角而言，技术侦查措施所可能侵害从而强调应对隐私权给予合理保护，主要指国家机关的公权力行为不得侵害公民的私权利，更强调在采取技术侦查措施时对隐私权信息的保护而不是对私生活安宁之保障，因此，采第一种观点为宜。

作为私人信息的隐私权，住宅不受侵犯和通信秘密是其传统上的当然内容。除此之外，个人信息、私人事务、私人活动及相应的活动空间，都属于隐私权的保护范围。在私人事务载体中，住宅是最重要的个人私生活的领地，此外，个人在公众场所（包括工作场所和公共场所）也受到一定

① 张新宝著:《隐私权的法律保护》，北京群众出版社 2004 年版，第 11—12 页。

程度的空间隐私的保护。这诸多内容虽都属于隐私权的保护范围，但在保护力度和绝对性来看，仍有区别。例如，同样是空间隐私，公民在住宅内的隐私权保护是隐私权保护的核心内容，而在公众场所的隐私权的保护则具有相对性。同样都属于隐私权的内容，对权利人的重要程度不同，法律保护力度亦不同。技术侦查措施的采取将与公民隐私权冲突时、在技术侦查措施与隐私权保护的取舍之间权衡时，应当考虑技术侦查措施与相关公民隐私权的内容的重要程度，作出符合比例原则的判断。

（4）隐私权主体

根据《刑事诉讼法》及相关司法解释和规章，技术侦查措施的适用对象是犯罪嫌疑人、被告人以及与犯罪活动直接关联的人员。技术侦查措施中隐私权保护对象（即隐私权主体）的范围大于技术侦查措施的适用对象，除技术侦查措施适用对象外，还包括隐匿身份侦查和控制下交付相关人员主要是实施侦查行为的隐匿身份人员。不同的隐私权主体在刑事侦查乃至后续的诉讼活动中地位、作用各不相同，隐私权保护的出发点也不同，确定技术侦查措施中隐私权保护的边界范围亦应考虑这些因素，区别对待。

4. 我国技术侦查措施中隐私权的具体保护边界

（1）犯罪嫌疑人、被告人以及与犯罪活动直接关联人员的隐私权保护边界

隐私权的内容随着时代的发展而不断演化。近代通常认为住宅不受侵犯与通信秘密是隐私权的当然内容。随着个体意识的扩张、私人生活领域的观念增强，隐私权的内容也不断扩张。除住宅与通信外，与公共利益无关的个人性事物，即使发生于公众场所，也逐渐在一定程度上受到隐私权的保护。此外，科技高度发展之下，隐私权中对人身的保护已不限于传

统上对可见的身体部位的隐秘性保护，呼吸测试、血液检验、尿液取样、DNA 采样都可能构成对公民隐私权的侵害。如此繁杂的隐私权内容之下，能否确立一个易于理解且具有可操作性的参照标准，对采取技术侦查措施时的隐私权保护边界作出合乎法律规定以及比例原则的界定？我们认为，隐私权的众多内容亦有重要与次要之分，采取技术侦查措施时的隐私权保护边界应根据隐私权内容的重要性按比例原则确定。

那么，哪些是隐私权的重要内容？从我国刑事立法来看，专门就隐私权保护设立的罪名有非法搜查罪、非法侵入住宅罪、侵犯通信自由罪和《刑法修正案（七）》新增加的出售、非法提供公民个人信息罪，保护对象涵盖隐私权的传统核心内容——人身、住宅、通信秘密、个人信息，其他隐私权客体内容则无独立的罪名保护。以非法搜查罪为例。根据《刑法》规定，非法搜查罪的犯罪对象仅限于他人的身体和住宅，如果不是非法搜查他人的身体或住宅而是对他人的办公室、仓库、车辆等并非私人住宅的场所进行非法搜查，虽然行为违法，但不会构成非法搜查罪。刑法作出专门保护的隐私权内容——人身、住宅、通信秘密、个人信息，无论从隐私权的历史发展视角，抑或从这些隐私权内容所具重要性的实证视角来看，都是隐私权的核心内容，应受到特别严格的法律保护，可以称之为核心隐私权。除人身、住宅、通信秘密、个人信息以外的其他隐私权同样受到法律保护，但在刑法中并无直接规制，如受侵犯只能追究侵权人的民事、行政责任，这些内容的隐私权可称之为一般隐私权。同一技术侦查手段，影响的可能是核心隐私权，也可能是一般隐私权。如监听，在公众场所对被监控对象的监听措施只影响其一般隐私权，在其住宅中的监听措施则影响其核心隐私权。

比例原则要求手段与目的间具有适当性、必要性、相称性。确定技术侦查措施与隐私权保护边界，首先离不开对采取措施的“适当性”和“必要性”的判断，但难点在于对二者是否具有“相称性”的权衡上。《刑事诉讼法》已规定技术侦查措施只适用于特定范围的严重（重大）刑事案件，我们认为，在严格遵守《刑事诉讼法》的前提下，从隐私权内容及刑事案件严重程度的对应关系上确定技术侦查措施与隐私权保护边界时应遵循以下标准：

第一，不论犯罪案件社会危害性多大，犯罪嫌疑人、被告人的人身危险性多高，如果能够采用一般侦查措施就可以达到破获案件、抓获犯罪嫌疑人的目的时，就不采用技术侦查措施。

第二，不论犯罪案件社会危害性多大，犯罪嫌疑人、被告人的人身危险性多高，如果能够采用不侵犯隐私权的技术侦查措施就可以达到破获案件、抓获犯罪嫌疑人的目的时，就不采用侵犯隐私权的技术侦查措施。

第三，不论犯罪案件社会危害性多大，犯罪嫌疑人、被告人的人身危险性多高，如果能够采用侵犯一般隐私权的技术侦查措施就可以达到破获案件、抓获犯罪嫌疑人的目的时，就不采用侵犯核心隐私权的技术侦查措施。

第四，只有在采取前述措施难以达到目的，同时犯罪社会危害性严重，犯罪嫌疑人、被告人人身危险性高，综合权衡之下技术侦查措施所侵犯之核心隐私权所代表的法益与案件侦破所维护的社会秩序相比二者合乎比例地相称，此时，才可采取侵犯核心隐私权的技术侦查措施。

第五，适用侵犯核心隐私权的技术侦查措施的案件范围，应当以比《刑事诉讼法》中之规定更高的认定标准进行判断。侵犯核心隐私权的技术侦查措施有很多，如：对相关人员的住宅室内或其个人通信进行直接监控，或对相关人员的人身进行秘密搜查。采取此类技术侦查措施时，由于相关措施会严重侵犯公民隐私权，根据比例原则的相称性要求，此时应考虑两方面因素：第一，案件的社会危害性与《刑事诉讼法》第 148 条所规定的社会危害程度相比，其社会危害性更为严重；第二，案件犯罪嫌疑人、被告人的人身危险性较大，如不及时追究其刑事责任则存在继续危害社会的可能。两方面因素同等重要，应综合考虑。

（2）隐匿身份侦查和控制下交付中隐匿身份人员的隐私权保护边界

隐匿身份侦查和控制下交付中隐匿身份人员之隐私权保护的出发点，与对犯罪嫌疑人、被告人等与犯罪活动直接关联人员之隐私权保护的出发点不同。后者隐私权被侵害的风险发生于案件的侦破或犯罪嫌疑人、被告人的追捕过程中，隐私权保护的初衷是防止公权力滥用以致越界侵害公民私权利。前者隐私权被侵害的风险发生于隐匿身份侦查或控制下交付中获取证据的使用过程（主要指审判过程）中，隐私权保护的初衷是防止隐匿身份人员的身份泄露以保护其人身安全，或防止发生其他严重后果（如侦查手段的泄露影响后续同类案件侦破）。因此，隐匿身份侦查和控制下交付中隐匿身份人员的隐私权保护之边界确定的着眼点，与犯罪嫌疑人、被告人以及与犯罪活动直接关联的人员的隐私权保护边界有所不同。前者关注的既不是确保案件的侦破或犯罪嫌疑人、被告人的抓捕，亦不是防范侦破案件或抓捕犯罪嫌疑人、被告人的侦查措施侵害公民隐私权，更无论二者的平衡，而是着眼于隐匿身份人员的人身安全的保护，同时还要兼顾降低为保护相关人员人身安全而采取的证据保护措施对审判程序的干扰，并实现二者间的平衡与兼得。据此，我们认为，在确定隐匿身份侦查和控制下交付中隐匿身份人员的隐私权保护边界时，应采用如下标准：

第一，“保证隐匿身份人员的人身安全”与“降低为保护相关人员人身安全而采取的证据保护措施对审判程序的干扰”两个兼顾因素中，“保证隐匿身份人员的人身安全”优先，即使用隐匿身份侦查和控制下交付所获得证据时，必须保证证据的使用不会危及有关人员的人身安全或者可能产生其他严重后果。

第二，在安全保证的前提下，应尽可能地保留证据的原貌并履行法庭审理中的正常举证、质证、认证程序，降低保护措施对审判程序的干扰。

第三，在开庭进行法庭证据调查时，应当尽可能采取保护措施避免危及有关人员的人身安全或产生其他严重后果的风险。如果采取措施后仍不能避免危险的产生，可以不在法庭上进行证据调查，由法官在庭外对证据进行核实。

（三）确立技术侦查制度中隐私权保护的事后救济原则

我国《刑事诉讼法》虽然规定了“技术侦查行为”一节，但并未对其事后救济程序作出明确规定。按照“有权利必有救济”这一古老的谚语，一项涉及公民权利的程序或制度，无论其制定得如何精细，如果没有制定相应的完善的权利救济体系，该项程序或制度只能是纸上谈兵。因为技术侦查措施具有隐秘性的特点，是在当事人无法察觉的情况下适用的，因此，与侦查行为中的搜查、扣押、拘留等强制行为相比，技术侦查措施的救济问题更为重要。侦查机关迫不得已采用技术侦查手段对犯罪行为进行侦查时，应当遵循“比例原则”，尽可能地降低对公民隐私权可能造成的损害。同时，还应设计技术侦查措施的事后审查救济机制，如果侦查机关违反了法律的相关规定，那么法律应该允许当事人对其权利实行救济。如果没有对权利的救济，不仅会损害法律的尊严，而且对当事人而言也会因为权利被侵害却无法得到救助而鄙视权利，从这个意义上讲，救济是权利的希望。所以，在刑事诉讼中设立技术侦查措施的救济制度是必不可少的。

在域外，许多国家和地区立法规定技术侦查措施执行后，由某个国家机关审查该措施的执行是否合法，或者允许相对人对技术侦查行为侵犯其合法权益提出救济。进行事后审查的主体，大多国家或地区规定是处于中立或第三方位置的法官。对于技术侦查措施的运用，因为其可能侵犯公民的基本权利，除必须要建立对技术侦查措施的事前令状审批制度，事中执行机关应当依照法定程序，遵守比例原则外，还应当建立技术侦查制度中隐私权保护的事后救济制度。

1. 侦查机关的告知义务

告知义务是指在技术侦查行为实施完毕后，批准机关或执行机关应当向当事人明确告诉所采取的具体技术侦查行为，以便当事人知晓。法律规定当事人应该收到被采取技术侦查行为的通知是为了保障当事人的知情权。当事人行使救济权利、提出控告的前提条件是自己知道已成为技术侦查的对象，而技术侦查行为的秘密性导致当事人可能并不知道被侦查，或事后很长时间之后才知道。如果不及时通知当事人，就剥夺了其合理解释的机会；获得的证据材料不展示给当事人而直接在审判中加以使用，也会造成“证据突袭”。因此，除非出现法定的延迟事由，如会影响诉讼的顺利进行，或者导致当事人逃跑等，侦查机关应当及时履行自己的告知义务，使当事人在事后较短时间内知晓被采取的技术侦查措施，并对技术侦查措施的具体方式及获得的证据材料进行必要的了解，以便于当事人进行有效的防御和救济。

2. 相对人申请审查

当事人享有知情权，是为了有针对性地对技术侦查行为的合法性及相关证据资料请求审查并提出异议。这种审查和异议既是对当事人诉讼主体地位的尊重，也是对其权利的保障。许多国家和地区，从完善技术侦查制度保障体系的角度出发，均在法律中规定相关人员有权提出抗告或诉讼。如我国台湾地区准许当事人或受裁定之人提出（准）抗告，请求法院救济。德国对于刑事诉讼上所有干预公民基本权利的强制处分，均可提起法律救济，请求法院确认该强制处分行为的违法性。①

我国法律明确规定司法机关实施的刑事司法行为（包括侦查行为和强制措施）不能提起行政诉讼。为了监督侦查机关严格执法，1996 年《刑事诉讼法》第 75 条及 1998 年《人民检察院刑事诉讼规则》第 62 条② 曾规定，对取保候审超过法定期限的，有权要求解除取保候审，并要求审查机关在 7 日内作出审查决定。虽然这种审查也只是内部审查，没有由一个中立机关（法院）参与。但 2012 年《刑事诉讼法》修改时，还将这种内部审查机制取消了。事后审查制度的缺失，不仅不符合世界人权发展的趋势和我国的人权保障的价值目标，而且与刑事诉讼法律的本质含义相违背。因

① 参见林钰雄著:《刑事诉讼法（上册）》，中国人民大学出版社 2005 年版，第 238—239 页。

② 1996 年《刑事诉讼法》第 75 条规定，犯罪嫌疑人、被告人及其法定代理人、近亲属或者犯罪嫌疑人、被告人委托的律师及其他辩护人对于人民法院、人民检察院或者公安机关采取强制措施超过法定期限的，有权要求解除强制措施。1998 年《人民检察院刑事诉讼规则》第 62 条规定，犯罪嫌疑人及其法定代理人、近亲属或者犯罪嫌疑人委托的律师及其他辩护人认为取保候审超过法定期限，向人民检察院提出解除取保候审要求的，人民检察院应当在七日内审查决定。

此，应当修改与完善我国的刑事诉讼法中的技术侦查制度，完善司法监督体系，赋予当事人救济权利，允许当事人对侦查机关采取的技术侦查行为不服的进行诉讼。

3. 追究侦查机关及其人员的责任

为了确保国家维护社会秩序与安全，在不得已情形下可以允许国家侦查机关行使技术侦查措施查明犯罪事实、查获犯罪嫌疑人，但也仅限于法律规定的框架内。如违反法律的程序规定，侦查机关及其工作人员实施不当技术侦查行为，侵犯公民的隐私等权益，应当承担相应的赔偿责任。侦查人员行使侦查权在性质上属于代表国家行使公权力，虽然美国等国家将这种赔偿责任规定为民事责任，但我国《国家赔偿法》明确将违法司法行为对当事人造成的损害，规定由国家负赔偿责任。

另外，对于严重的违法行为应当规定一定的刑事责任。如美国《综合犯罪控制和街道安全法》第三编规定，除非法律允许，如果一个人故意窃听、企图窃听、唆使他人窃听或企图窃听通讯，或者将知道或有理由知道是非法窃听所获得的通讯内容故意公开、企图公开与他人，或者故意使用、企图使用知道或有理由知道是非法窃听所获得的通讯内容，则其行为已构成犯罪。①我国法律也应对侦查人员的刑事责任作出明确规定，当然应当区分主观上是故意还是过失，也应当区分是基于职权实施的行为还是超越职权实施的行为。

4. 违法证据的排除

《反腐公约》第 50 条明确允许法庭采信技术侦查手段所获取的证据，

①〔美〕伟恩·拉费弗等著:《刑事诉讼法》(上册)，卞建林等译，中国政法大学出版社 2003 年版，第 322 页。

允许适用技术侦查措施的国家和地区也都承认该手段获取的证据材料的证据资格。但基于保障公民的隐私权、遏止非法技术侦查行为的需要，如果某一特定的技术侦查行为不符合法律规定，则应当通过适用非法证据排除规则排除该行为获得的材料作为证据使用，阻断侦查人员违法使用技术侦查措施的动机，从源头上遏制非法取证行为，从而达到抑制违法侦查的目的，从根本上抑止违法侦查行为再度发生，实现对公民权利的保护。我国《最高法解释》107 条[①]对非法技术侦查行为取得的证据作出了排除适用的原则规定，这一规定符合程序法定原则的要求，也进一步完善了我国技术侦查的制度构建。

①《最高法解释》第 107 条第 1 款规定："采取技术侦查措施收集的证据材料，经当庭出示、辨认、质证等法庭调查程序查证属实的，可以作为定案的根据。"

结　　语

虽然我国《宪法》与其他法律并未明确将隐私权规定为公民的基本权利，但是任何一个公民都理所当然地认为隐私权是自己应当享有的权利，同时现实生活中隐私权保护的需要也层出不穷。随着犯罪的隐蔽性、高科技性和智能化，传统侦查手段已不能适应打击犯罪的需要，因此技术侦查措施作为刑事侦查之手段，用以掌握犯罪证据，进而查获犯罪嫌疑人，确实有其必要性。但是在犯罪侦查中对犯罪嫌疑人及相关人员实施技术侦查行为，难免对其隐私权有所侵害。面对公权力行为，隐私权保护的主张必须明确而具体，唯有如此，才能避免技术侦查行为对公民隐私权的不当侵害。

我国技术侦查制度中隐私权保护相对滞后，应当通过立法推进技术侦查制度的法治化，这样才能有效保障公民的隐私权。我国技术侦查制度中隐私权保障的立法要求，应当是国家通过立法和其他措施保障公民的隐私权不受任意或者非法的侵犯，在特定情形下对隐私权的干预必须具有合理性：批准实施技术侦查措施应当遵守重罪和必要性原则；技术侦查措施具体程序的实施必须贯彻比例性原则和正当程序原则；对于违反法律规定的技术侦查措施应当赋予相对人事后救济途径。只有国家通过立法和司法活动切实承担起积极保护和消极不侵入隐私权的责任，才能完整地实现隐私权的权能。

参考文献

一、著作类：

1. 郎胜、王尚新主编:《中华人民共和国国家安全法释义》，法律出版社1993年版。

2. 张新宝著:《隐私权的法律保护》，群众出版社1997年版。

3. 左长卫、周长军著:《刑事诉讼的理念》，法律出版社1999年版。

4. 陈瑞华著:《刑事诉讼的前沿问题》，中国人民大学出版社2000年版。

5. 孙长永著:《侦查程序与人权》，中国方正出版社2000年版。

6. 陈新明著:《德国公法学基础理论（下）》，山东人民出版社2001年版。

6. 张千帆著:《西方宪政体系——欧洲宪法》，法律出版社2001年版。

7. 宋英辉、吴宏耀著:《刑事审判前程序研究》，中国政法大学出版社2002年版。

8. 陈永生著:《侦查程序原理论》，中国人民公安大学出版社2003年版。

9. 宋英辉著:《刑事诉讼原理》，法律出版社2003年版。

10. 樊崇义著:《诉讼原理》，法律出版社2003年版。

11. 张新宝著:《隐私权的法律保护》，群众出版社 2004 年版。

12. 樊崇义、史李梅、张中、朱拥正著:《正当法律程序研究——以刑事诉讼程序为视角》，中国人民公安大学出版社 2005 年版。

13. 陈瑞华著:《程序性制裁理论》，中国法制出版社 2005 年版。

14. 杨开湘著:《刑事诉讼与隐私权保护的关系研究》，中国法制出版社 2006 年版。

15. 杨立新著:《人格权法论》，人民法院出版社 2006 年版。

16. 艾明著:《秘密侦查制度研究》，中国检察出版社 2006 年版。

17. 周伟著:《宪法基本权利：原理・规范・应用》，法律出版社 2006 年版。

18. 周汉华著:《中华人民共和国个人信息保护法（专家建议稿）及立法研究报告》，法律出版社 2006 年版。

19. 张莉著:《论隐私权的法律保护》，中国法制出版社 2007 年版。

20. 沈中、许文洁著:《隐私权论兼析人格权》，上海人民出版社 2010 年版。

21. 谢佑平著:《中国检察监督的政治性与司法性研究》，中国检察出版社 2010 年版。

22. 陈瑞华著:《刑事诉讼的中国模式》，法律出版社 2010 年版。

23. 陈瑞华著:《比较刑事诉讼法》，中国人民大学出版社 2010 年版。

24. 左卫民著:《刑事诉讼中的中国图景》，生活・读书・新知三联书店 2010 年版。

25. 李奋飞著:《程序合法性研究——以刑事诉讼法为范例》，法律出版社 2011 年版。

26. 王秀哲著:《我国隐私权的宪法保护研究》，法律出版社 2011 年版。

27. 程龙著:《法哲学视野中的程序正义》，社会科学文献出版社 2011 年版。

28. 陈光中主编:《〈中华人民共和国刑事诉讼法〉修改条文释义与点评》，人民法院出版社 2012 年版。

29. 孙谦主编:《人民检察院刑事诉讼规则（试行）理解与适用》，中国检察出版社 2012 年版。

30. 林钰雄著:《刑事诉讼法》，中国人民大学出版社 2005 年版。

31. 王兆鹏著:《美国刑事诉讼法》，北京大学出版社 2005 年版。

32. 王兆鹏著:《新刑诉 · 新思维》，元照出版公司 2005 年版。

33. 林俊益著:《刑事诉讼法概论》，新学林出版股份有限公司 2009 年版。

34.〔日〕土本武司著:《日本刑事诉讼法要义》，董璠兴、宋英辉译，台湾五南图书出版公司 1998 年版。

35.〔日〕田口守一著:《刑事诉讼法》，刘迪等译，法律出版社 2000 年版。

36.〔日〕松尾浩也著:《日本刑事诉讼法》，丁相顺译，中国人民大学出版社 2005 年版。

37.〔美〕詹姆斯 · M. 伯恩斯等著:《民治政府》，陆振纶等译，中国社会科学出版社 1996 年版。

38.〔美〕理查德 · A. 波斯纳著:《正义 / 司法的经济学》，苏力译，中国政法大学出版社 2002 年版。

39.〔美〕约纳森·罗森诺著:《网络法——关于因特网的法律》，张皋彤等译，中国政法大学出版社 2003 年版。

40.〔美〕伟恩·拉费弗等著:《刑事诉讼法》，卞建林等译，中国政法大学出版社 2003 年版。

41.〔美〕阿丽塔·L. 艾伦、理查德·C. 托克音顿著:《美国隐私法学说、判例和立法》，冯建妹等编译，中国民主法制出版社 2004 年版。

42.〔美〕弗里德曼著:《选择的共和国——法律、权威与文化》，高鸿钧等译，清华大学出版社 2005 年版。

43.〔美〕克雷格·布拉德利著:《刑事诉讼革命的失败》，郑旭译，北京大学出版社 2009 年版。

44.〔美〕劳伦斯·莱斯格著:《代码 2.0：网络空间中的法律》，李旭、沈伟伟译，清华大学出版社 2009 年版。

45.〔美〕约书亚·德雷斯勒等著:《美国刑事诉讼法精解(第一卷刑事侦查)》，吴宏耀译，北京大学出版社 2009 年版。

46.〔奥〕曼弗雷德·诺瓦克著:《民权公约评注——联合国〈公民权利和政治权利国际公约〉》，毕小青、孙世彦等译，三联书店 2003 年版。

47.〔英〕史蒂文·卢克斯著:《个人主义》，阎克文译，江苏人民出版社 2001 年版。

48.〔英〕以赛亚·伯林著:《自由论》，胡传胜译，译林出版社 2003 年版。

49.〔英〕丹宁著:《法律的正当程序》，李克强等译，法律出版社 2011 年版。

50.〔德〕克劳思·罗科信著:《刑事诉讼法》，吴丽琪译，法律出版社 2003 年版。

51.《德国刑事诉讼法典》，李昌珂译，中国政法大学出版社 1995 年版。

52.《德国刑法典》，冯军译，中国政法大学出版社 2000 年版。

53.《法国刑事诉讼法典》，罗结诊译，中国法制出版社 2006 年版。

54.《俄罗斯联邦刑事诉讼法典》，黄道秀译，中国人民公安大学出版社 2006 年版。

55.《圣经》，中国基督教三自爱国运动委员会、中国基督教协会出版。

56.《日本关于犯罪侦查中监听的法律》，宋英辉译，http://www.japanlawinfo.sdu.edu.cn/html/zhongyiribenfa/20071202/404.html，最后访问时间 2015 年 8 月 16 日。

二、论文类：

1. 曹亦萍："社会信息化与隐私权保护"，《政法论坛》1998 第 1 期。

2. 万毅："西方国家刑事侦查中的技术侦查措施探究"，《上海公安高等专科学校学报》1999 年第 4 期。

3. 王雅林："因特网与隐私权保护"，《江苏社会科学》2001 第 5 期。

4. 龙宗智："评'检警一体化'——兼论我国的检警关系"，《法学研究》2000 年第 2 期。

5. 宋英辉："刑事程序中的技术侦查研究"，《法学研究》2000 年第 3 期。

6. 朱理："网络隐私权的保障与冲突"，载《网络法律评论》，张平主编，法律出版社 2002 年版。

7. 刘大洪："基因技术与隐私权的保护"，《中国法学》2002 年第 6 期。

8. 马忠红："澳大利亚的'控制下交付'"，《云南警官学院学报》2003 年第

3 期。

9. 徐鹤喃:“刑事诉讼监督与人权保障”,《检察日报》2004 年 2 月 24 日。

10. 甘超英:“德国联邦宪法法院的‘大监听’判决”,《法制日报》2004 年 6 月 17 日。

11. 何家弘:“秘密侦查立法之我见”,《法学杂志》2004 年第 6 期。

12. 韩德明:“技术侦查措施论”,《浙江工商大学学报》2005 年第 3 期。

13. 孙长永:“强制侦查的法律控制与司法审查”,《现代法学》2005 年第 5 期。

14. 王灏:“中国公民隐私权保护的法律意识及其根源”,《沈阳师范大学学报》2007 年第 1 期。

15. 熊秋红:“秘密侦查之法治化”,《中外法学》2007 年第 2 期。

16. 黄维智:“控制下交付法律问题研究”,《社会科学研究》2007 年第 2 期。

17. 余凌云,洪延青:“反恐侦查中的监听权力规制”,《中国公共安全(学术版)》2007 年第 3 期。

18. 刘德良:“个人信息的财产权保护”,《法学研究》2007 年第 3 期。

19. 李训伟:“试论任意侦查行为与强制侦查行为”,《山西煤炭管理干部学院学报》2007 年第 4 期。

20. 可欣:“论隐私权”,吉林大学 2007 年博士学位论文。

21. 郑贤君:“试论宪法权利”,载《基本权利研究》,郑贤君著,中国民主法制出版社 2007 年版。

22. 齐爱民:“个人信息保护法研究”,《河北法学》2008 年第 4 期。

23. 向燕:“美国最高法院‘隐私的合理期待’标准之介评”,《中国刑事法杂志》2008 年第 9 期。

24. 秦策:“刑事诉讼比例原则研究”, 中国政法大学 2008 年博士学位论文。

25. 蒋红珍、王茜:“比例原则审查强度的类型化操作——以欧盟法判决为解读文本”,《政法论坛》2009 年第 1 期。

26. 王守宽:“诱惑侦查制度:国际比较及立法启示”,《信阳师范学院学报(哲学社会科学版)》2009 年 2 期。

27. 王瑞山:“我国技术侦查的法律困境与出路选择”,《犯罪研究》2011 年第 1 期。

28. 向燕:“刑事侦查中隐私权领域的界定”,《比较法研究》2011 年第 1 期。

29. 向燕:“刑事侦查中隐私权保护的审查机制”,《中国刑事法杂志》2011 年第 1 期。

30. 向燕:“从隐私权角度论人身强制处分”,《北方法学》2011 年第 3 期。

31. 陈瑞华:“刑事诉讼法修正案之隐忧”,《南方周末》2011 年 9 月 1 日。

32. 陈学权:“程序法视野中的控制下交付”,《西北大学学报(哲学社会科学版)》2012 年第 2 期。

33. 邓立军:“台湾地区的控制下交付研究”,《中国人民公安大学学报(社会科学版)》2012 年第 5 期。

34. 张建伟:“特殊侦查权力的授予与限制——新《刑事诉讼法》相关规定

的得失分析”,《华东政法大学学报》2012 年第 5 期。

35. 万毅:“解读‘技术侦查’与‘乔装侦查’——以《刑事诉讼法修正案》为中心的规范分析”,《现代法学》2012 年第 6 期。

36. 彭之千:“‘技术侦查措施’之辨析”,《法制与社会》2012 年第 8 期。

37. 兰跃军:“比较法视野中的技术侦查措施”,《中国刑事法杂志》2013 年第 1 期。

38. 李明:“进步与不足:新刑事诉讼法技术侦查措施规定之反思”,《时代法学》2013 年第 1 期。

39. 石魏:“毒品案件侦查中控制下交付和诱惑侦查之解析”,《河南司法警官职业学院学报》2013 年第 2 期。

40. 陈永生、蔡其颖:“控制下交付的历史沿革探析”,《山东警察学院学报》2013 年第 3 期。

41. 詹建红:“理论共识与规则细化:技术侦查措施的司法适用”,《法商研究》2013 年第 3 期。

42. 初殿清:“镶嵌论视野下的车载 GPS 证据的可采性”,《政法论坛》2013 年第 5 期。

43. 刘黎明、陈金霁:“新《刑事诉讼法》中技术侦查规定的偏颇与完善”,《上海政法学院学报》2013 年第 3 期。

44. 郑曦:“《反腐败公约》规定的特殊侦查手段的实施状况与困境”,《中国刑事法杂志》2014 年第 1 期。

45. 杨日旭:“美国宪法上的集会自由权”, http://www.lawspirit.com/legalenglish/

detail-text.asp?id=343，最后访问时间 2015 年 8 月 16 日。

46. 刘静怡：“隐私权的哲学基础、宪法保障及其相关辩论”，《月旦法学教室》第 46 期。

47. 刘静怡：“隐私权保障与国家权力的行使”，《 月旦法学教室》第 50 期。

48. 蔡达智：“开放空间中的隐私权保障”，《月旦法学杂志》2007 年第 6 期。

49. 廖福特：“从欧洲人权法院 Storck 及 Buck 判决看其对德国法院之冲击”，《欧美研究》2011 年第 3 期。

50. 邓衍森：“家庭生活权中的环境因素问题——欧洲人权法院关于 Powell and Rayner v. U.K. 案的判决”，《月旦法学教室》2013 年第 7 期。

51. 刘静怡：“网络社会的信息隐私权保护架构：法律经济分析的初步观察”，http://article.chinalawinfo.com/article_print.asp?articleid=1262，最后访问时间 2015 年 8 月 16 日。

52.〔美〕汉娜・阿伦特：“公共领域和私人领域”，刘锋译，载汪晖、陈燕谷主编：《文化与公共性》，三联书店 1998 年版。

53.〔英〕昆廷・斯金纳：“消极自由观的哲学与历史透视”，阎克文译，载达巍、王琛、宋念申编：《消极自由有什么错》，文化出版社 2001 年版。

54.〔德〕克劳思・罗科信：“德国刑事诉讼法对被告人的保护”，王世洲译，《中外法学》2007 年第 1 期。

三、外文类：

1. Samuel D. Warren& Louis Brandies. The Right to Privacy. Harv. L. Rev.,

1890,4（5）.

2. Henry Campbell Black, BLACK'S LAW DICTIONARY, 5th ed., West Publishing Co., 1979.

3. Sorrells, 287 U.S. 441（1932）.

4. Pollak, 343 U.S. 451（1952）.

5. Sherman, 356 U.S. 84（1958）.

6. Russell, 411 U.S. 423（1973）.

7. Hampto, 425 U.S. 454（1976）.

8. Kyoll, 533 U.S. 27（2001）.

图书在版编目（CIP）数据

技术侦查制度中的隐私权保障问题研究 / 胡忠惠等著 .—北京：中国法制出版社，2016. 6

ISBN 978-7-5093-6835-0

Ⅰ. ①技… Ⅱ. ①胡… Ⅲ. ①刑事侦查—隐私权—法律保护—研究 Ⅳ. ① D918 ② D913.04

中国版本图书馆 CIP 数据核字（2016）第 130929 号

策划编辑 舒 丹　　责任编辑 袁笋冰 李璞娜　　封面设计 李 宁

技术侦查制度中的隐私权保障问题研究

JISHUZHENCHA ZHIDUZHONG DE YINSIQUAN BAOZHANG WENTI YANJIU

著者 / 胡忠惠等

经销 / 新华书店

印刷 / 北京九州迅驰传媒文化有限公司

开本 / 787 毫米 ×960 毫米　16 开　　印张 / 11.25　字数 / 133 千

版次 / 2016 年 6 月第 1 版　　2016 年 6 月第 1 次印刷

中国法制出版社出版

书号 ISBN 978-7-5093-6835-0　　定价：38. 00 元

北京西单横二条 2 号　　值班电话：66026508

邮政编码：100031　　传真：66031119

网址：http://www. zgfzs. com　　**编辑部电话：66066627**

市场营销部电话：66033393　　**邮购部电话：66033288**

（如有印装质量问题，请与本社编务印务管理部联系调换。电话：010-66032926）